藤

なぜメリル・ストリープはトランプに噛みつき、オリバー・ストーンは期待するのか

ハリウッドからアメリカが見える

GS
幻冬舎新書
452

はじめに

ハリウッドとは何か。

そう問われ、「最新技術の粋を集めてヒット映画を量産する一大産業」と言う人には、「商業主義の最たるもの」と返す人がいるだろうし、華やかなスターを挙げる人には、「庶民からほど遠い金持ち集団」とのツッコミがきそうだ。果ては「覇権国家アメリカの価値観を世界に押しつける装置」と、巨大な業界であるだけに、負のイメージもつきまとう。

だから、言われるかもしれない。「ハリウッドのフィルターを通したところで、複雑で広大なアメリカを理解できるわけがない」

私は小さい頃から特に海外の映画に親しんできた。未知の世界にいざなわれるようで子ども心にワクワクし、英語を学んだ。趣味が高じて脚本の学校に通ったこともある。ただ、いわゆる映画の専門記者になったことはなく、朝日新聞記者としてこれまで主に渡り歩いたのは経済部や国際報道部だ。

でも2011年にロサンゼルスに赴任、アメリカやメキシコ、中米、カリブ諸国の政治・経済・社会を担当した一環でハリウッドを取材するうち、この業界がいかにアメリカの政治や経済、社会にコミットし、オピニオン・リーダーを自任しているか実感した。帰国して「GLOBE」編集部に配属後、アメリカのみならず欧州や中東、ロシア、アジアの映画人に取材を続けているのも、同時代の人々や風景をきりとる映画は、その狙いや背景も含め、世界で何が起きているかを映し出す鏡のひとつだと思うからだ。

さりながら映画ははっきり言って、非常に危うさをはらんだ仕掛けでもある。特にハリウッド映画は、めまぐるしい映像や大音響で視覚や聴覚を揺さぶり、想像力を働かせる余裕を与えることなく、いわば一定の見方を突きつける。

主に白人男性が活躍するスクリーンで描かれたステレオタイプは数知れず、日米摩擦の1980年代は日本人が理解不能な存在として戯画化されたし、中東の人やイスラム教徒がテロリストと同一視されてきたのは9・11同時多発テロに始まったことではない。どんな困難に見舞われても最後は米軍が助けてくれる、という展開の多さに鼻白むこともたびたびだ。

でもだからこそ、ハリウッドを通して見えてくるものは、その時代を表すまさにアメリカなのだ。

雨が少なく気候のよい米カリフォルニア州南部ハリウッドは20世紀初頭、欧州からのユダヤ系移民たちが中心になって映画スタジオを相次ぎ創業、大国となりゆくアメリカの経済を支えた。ナチス・ドイツの迫害を受けてアメリカに逃れた多くの才ある人も集まり、2度の大戦で疲弊する欧州をよそに、名作からB級映画まで量産して海外進出を強め、アメリカを世界一の映画大国たらしめていった。

存在感を強めるにつれ、ハリウッドに多いリベラルも、案外根強い保守派もそれぞれ、大統領選の候補者をはじめとする政治家の資金源や広告塔にもなってきた。そして誤解を恐れずに言えば、ハリウッドは全体として、政府におおむね協力的であり続けた。

その歴史は後述するが、ハリウッドはそれなりに政府批判の映画も作ってきたかに見えて、その実、「現政権」をあからさまに批判する映画はそうはない。

そんなハリウッドが、彼らの価値観や予想をはるかに超えたトランプ政権の発足に動揺している。その度合いは、かつてないほどと言っていい。

ハリウッドは転換期にある。だからこそ彼らを通して、混迷のアメリカ、そして世界がますます見えてくるはずだ。

インタビューを重ねた映画人の生の言葉から、激動する今を読みとってもらえればと思う。

なぜメリル・ストリープはトランプに噛みつき、オリバー・ストーンは期待するのか／目次

はじめに 3

第一部 ハリウッドから見えるアメリカ 21

強さは文明を維持する唯一の手段ではない 22
『沈黙—サイレンス—』 22
信仰は政治以上に反発を招くテーマ 22
弱さを受け入れるということ 25

弾圧されても書きに書きまくった気骨 29
『トランボ　ハリウッドに最も嫌われた男』 29
「赤狩り」で追放された「ハリウッド・テン」のひとり 29
「魔女狩り」はいつでもどこでも起きうる 32

「事実」を報じる痛みと責任 35
『ニュースの真相』 35
大統領の軍歴詐称スクープ 35

報道を信奉する映画人が報道を問う 37
質問しなくなったらこの国は終わり 39
ごく最近の大事故を作品にする重み 42
『ハドソン川の奇跡』 42
勝手に物語を作り上げない 42
事故機の航空会社も製作に協力 44
「私はトランプよりいい仕事をするよ」 47
マット・デイモンが問う「スノーデン後の世界」 49
『ジェイソン・ボーン』 49
政治的発言を最もいとわないドル箱俳優 49
プライバシーか安全保障か 51
怒りは左でも右でも起きている 53
ハリウッド若さ至上主義との闘い 56
『マダム・フローレンス! 夢見るふたり』 56
メリルですら受けた年齢差別 56
30歳を過ぎたら恋人役はお払い箱? 59

話題の黒人奴隷史映画は、
なぜ日本公開中止になったのか　63
『バース・オブ・ネイション』　63
白人ばかりノミネートされることへの批判　63
公開のタイミングでのスキャンダル報道　66
米社会の空気は影響したのか　69
特権層のハリウッドが代弁してこなかった声　71
『タンジェリン』　71
トランスジェンダー俳優がトランスジェンダーを演じる　71
これから多様性を描いた重要な作品がたくさん出てくる　75
世界一スタイリッシュなホームレス　79
『ホームレス　ニューヨークと寝た男』　79
世間を欺きながらのビルの屋上生活　79
やりたい仕事に情熱を注ぐための選択　81
トランプは助けてくれるのか　84

「トランプの世界」で人々が飛びついた夢物語
『ラ・ラ・ランド』 87
賞レースを席巻、興行的にも大ヒット 87
「トランプの世界」を忘れられる2時間 89
「古きよき白人のアメリカ」のわかりやすい例か 91

トランプ政権への期待
オリバー・ストーン(映画監督) 94
クリントンが勝っていたら危険だった 94
米国から出資が得られなかった『スノーデン』 97
今のハリウッドはすべてが政府寄り 102

第二部 人種・性《ジェンダー》・マネーのリアル 107

スカートをやめたディズニーヒロイン
『アリス・イン・ワンダーランド/時間の旅』 108
パンツスタイルのアリス 108

「強いアリス」を勝ち取る闘い 111
映画を本物に思わせる魔法
世界的指揮者が語る映画音楽 114
映画音楽は20世紀のオペラ 114
最初の1音を聴いただけでわかるあの曲 116
大ヒット作を支えたのはオランダの銀行家
『ハリウッドがひれ伏した銀行マン』 120
『スーパーマン』誕生秘話 120
ひとつの作品を子どものように育てる時代の終わり 122
映画がハリウッドに戻ってきた
『ジャングル・ブック』 126
すべてスタジオで作られた実写ジャングル映画 126
映画はスタジオで生まれる 130
イーサン・ホークは40代の悩みを
どう乗り越えたのか
『シーモアさんと、大人のための人生入門』 132

人生にゆきづまった時に出会ったピアニスト 132
成功すればするだけ、迷い、悩む 134
かつてない屈強なヒロイン登場 137
『ジャック・リーチャー NEVER GO BACK』 137
ただヒーローにつき従う女性に見えてはいけない 137
業界がジェンダー・ギャップ解消に努めても現実は 139
ハリウッドが注目する日本人監督 141
『ダム・キーパー』『ムーム』 141
CGか手描きかの議論を飛び越えるチャレンジ 141
上をめざすハングリーな精神で 143
白人が黒人ジャズにのめり込むことの苦悩 146
『ブルーに生まれついて』 146
ものすごい不安定さと、とてつもない自信 146
黒人文化にあこがれ、近づき、拒まれる悲哀 149
女性の大統領候補がいるなんて、すばらしい 151

黒人メインの作品には資金がつかない現実 153
『MILES AHEAD／マイルス・デイヴィス 空白の5年間』 153
あのマイルスを描く映画でも資金が集まらない 153
あらゆる音楽に生命を吹き込む 157
恐れてはいけない、くそったれ！ 159
中国マネーが支えた米国の人種問題映画 161
『ニュートン・ナイト 自由の旗をかかげた男』 161
金持ちのために貧しい者が命を落とすのか 161
苦労に苦労を重ねた「大人の映画」作り 162
トランプ政権誕生で、中国マネーの行方は？ 167
第三部 スクリーンが映す激動の世界 171
交わらないふたつの世界 172
『海は燃えている～イタリア最南端の小さな島～』 172
人口の10倍の難民が漂着する島 172

この過酷な状況を世界に見せる義務がある 174
難民認定28人、日本の政治的敗北 176
「優等生ドイツ」のもうひとつの顔 180
『帰ってきたヒトラー』 180
カメラの前で外国人排斥を口にする街の人たち 180
知識層が直視したくない現実 183
「トルコの敵」と酷評された告発の映画 186
『裸足の季節』 186
男女平等や避妊を否定する大統領のいる国で 186
トルコが舞台の映画がフランス代表として出品される意味 189
サンパウロ最大のスラム街の現実と希望 191
『ストリート・オーケストラ』 191
麻薬ディーラーの話にも耳を傾ける 191
警官に射殺された少女が地域に残したトラウマ 194

世界の著名人が「健さん」をたたえた

『健さん』 197

マイケル・ダグラスもマーティン・スコセッシも 197

「どこにも所属しない人間」へのあこがれ 200

クラウドファンディングは単なるお金集めではない

『はじまりはヒップホップ』 203

平均年齢83歳のヒップホップグループ 203

クラウドファンディングで来日が実現 205

なぜみんな、恋愛映画を見なくなったのか

『アンナとアントワーヌ　愛の前奏曲《プレリュード》』 209

この50年、男は成長せず、女は大きく変わった 209

この世にヒーローなんていない 211

北朝鮮に拉致された監督と女優の半生

『将軍様、あなたのために映画を撮ります』 214

金正日に国威発揚映画の製作を命じられる 214

決死の覚悟で隠し録りした録音テープ 216

人種の壁に抗いながら、切り開いた道

『ダゲレオタイプの女』 219

「アラブ系」のステレオタイプを乗り越えて 219

テロリスト役のオファーを断る 222

コロンビアをめぐるノーベル平和賞と映画の関係

『彷徨《さまよ》える河』 226

現代世界の論理に抗い続けるアマゾン 226

世界中が似たような問題を抱えている 228

半世紀にわたる内戦が終結した年に称賛された必然 231

負の歴史に向き合った「正義の国」

『ヒトラーの忘れもの』 233

10代の少年兵に地雷除去をさせていた 233

元ラッパーが演じた鬼軍曹 236

表現者は極右の考えに静かに抵抗する 238

英米ドローンが民間人を殺しているという現実 241
『アイ・イン・ザ・スカイ　世界一安全な戦場』 241
「テロリストを殺傷しているだけ」というウソ 241
出資候補者からのラストの変更要請を突っぱねる 244
「女性は平和的」というステレオタイプ 246
世界に問題提起する映画を作る 248
反プーチンのロシア人監督が北朝鮮の実像に迫る 251
『太陽の下で ― 真実の北朝鮮 ―』 251
北朝鮮でドキュメンタリーを「撮り逃げ」する 251
ロシアと同等に見られたい北朝鮮 254
なぜ女性の過激な運動は「暴力」と言われるのか 257
『未来を花束にして』 257
女性参政権運動の血のにじむような苦闘 257
非難が殺到したマドンナの爆破発言、「日本死ね」ブログ 260
戦争が政府を動かす契機になったという皮肉 263

「ふつうじゃない」のは悪いこと？
『世界でいちばんのイチゴミルクのつくり方』 265
「ふつう」「平凡」であることを美徳とする村 265
子どもが何回も見る映画にしたかった 267
今撮るなら主役のひとりはシリア難民に 270

おわりに 272

DTP 美創

第一部

ハリウッドから見えるアメリカ

強さは文明を維持する唯一の手段ではない

『沈黙―サイレンス―』

信仰は政治以上に反発を招くテーマ

表現者にとって、政治以上に反発を受ける可能性のあるテーマが宗教だろう。巨匠マーティン・スコセッシ監督はそこにあえて挑むかのように、イエス・キリストの「弱さ」や、中国で抑圧されるチベット族の仏教を題材にしてきた。最新作『沈黙―サイレンス―』（原題Silence）（2016年）は、これまでとどう違うのか。公開を前に来日した監督に、記者会見で質問した。

『沈黙―サイレンス―』は1966年発表の故・遠藤周作の小説『沈黙』が原作。イエズス会の高名な宣教師フェレイラ（リーアム・ニーソン）が日本で捕らえられ棄教したとのうわさを聞き、弟子のロドリゴ（アンドリュー・ガーフィールド）とガルペ（アダム・ドライバー）はキチジロー（窪塚洋介）の手引きで、ポルトガルから植民地マカオ経由で江戸時代の長崎へ潜入する。隠れキリシタンのモキチ（塚本晋也）らへの壮絶な拷問を目の当たりにするうち、ロドリゴは裏切りに遭い、長崎奉行・井上筑後守（イッセー尾形）に捕らえられる。「おまえのせいでキリシタンは苦しむのだ」と棄教を迫られたロドリゴは、フェレイラと再会。そこで何を、どう選択するのか——。

スコセッシ監督は2016年10月に来日し、まだ予告編も完成していない段階で記者会見を開いた。さらに日本での公開を間近に控えた2017年1月半ばに再来日し、再び記者会見。監督の熱の入れようが感じられる。

2016年11月には、ローマでイエズス会の神父ら数百人を集めて世界プレミア上映。続いてバチカンでも上映された。ローマ・カトリック教会のフランシスコ法王が作品を見たかどうかは「定かではない。彼は忙しそうだったからね」とスコセッシ監督は記者会見で笑ったが、監督は上映に先立ち、若い頃に日本での布教活動を希望していたという法王に会い、舞台となった長崎などについて語り合ったという。

スコセッシ監督と言えば、ロバート・デ・ニーロの出世作となったカンヌ国際映画祭パルムドール受賞の『タクシードライバー』（1976年）に『レイジング・ブル』（1980年）、レオナルド・ディカプリオを起用した『ギャング・オブ・ニューヨーク』（2002年）や、悲願のアカデミー監督賞に輝いた、香港映画『インファナル・アフェア』（2002年）のリメイク『ディパーテッド』（2006年）など、裏社会を描いた作品で知られる。だがイタリア系の敬虔《けいけん》なカトリック一家に育った彼は、宗教も描いてきた。スコセッシ監督の人生で「宗教は大きな位置を占めてきた」ためだ。

そのひとつである『最後の誘惑』（1988年）はしかし、カトリック映画史に残る問題作となった。ウィレム・デフォー演じるイエス・キリストに、結婚して子どもをもうける「ごく普通の人間としての誘惑」があったとする筋書きで、キリスト教右派を中心に世界各地で抗議運動が巻き起こり、パリでは上映館の放火事件まで起きた。今なお上映禁止を続ける国もあるほどだ。

米誌バラエティの上級副社長でアワード担当エディターのティム・グレーに以前取材した際、『最後の誘惑』の話題になったことがある。「抗議の人々が配給のユニバーサル・スタジオの前でピケを張り、同社の映画に対するボイコット運動も起きて大変なことになった。以来、スタジオはこうした映画に神経をとがらせるようになった」と話していたのを思い出す。

宗教にからむ映画としてはほかに、チベット仏教の最高指導者ダライ・ラマ14世の亡命までを描いた『クンドゥン』（1997年）も撮っている。チベットの動向に神経をとがらせる中国政府の怒りを買い、スコセッシ監督は少なくとも一定期間、中国に「出入り禁止」となったと伝えられる。米メディアによると、配給のブエナビスタ・ピクチャーズ・ディストリビューション（現ウォルト・ディズニー・スタジオ・モーションピクチャーズ）はその後、伸びる中国市場で苦戦を強いられたそうだ。中国の映画市場が北米に次ぐ世界第2の規模に躍り出るとは当時のハリウッドのスタジオも予想しなかったということだろうが、スコセッシ監督はある意味、宗教を取り上げては物議を醸《かも》してきた。

弱さを受け入れるということ

『沈黙―サイレンス―』については、カトリック系メディアを見てもおおむね好評を博している。

私は記者会見で、スコセッシ監督に質問した。『最後の誘惑』も『沈黙―サイレンス―』も、描いたのは「弱さ」。反応の違いはどこからくるのでしょう――。

スコセッシ監督は『最後の誘惑』公開当時を振り返りながら答えた。「『最後の誘惑』はキリスト教の理念やコンセプトをシリアスに探究する試みだったが、悪く受け取られ、いろんな議論が巻き起こった。私はどこへ向かえばいいか、自分の信仰心とともに見失ってしまった。何かが違う、と感じるようになった」。そんななか、小説『沈黙』に出あったのだという。

スコセッシ監督は1988年、聖職者たちを集めて『最後の誘惑』を上映した。スコセッシ監督によると、来ていた米国聖公会の故ポール・ムーアJr.主教は「作品が議論の対象とすると

マーティン・スコセッシ

ころを気に入ってくれた」という。その時、主教が「信じることについて問う小説がある」と言って手渡してくれた本が『沈黙』だった。

スコセッシ監督はこれを読み、「教義的なアプローチではなく、信じることや懐疑の念を抱くことも包括的に描いた小説。映画化への意欲をかき立てられた。私は、もっと深く探究して答えを見つけなければならないと感じた」のだという。ちなみに渡された小説を読み終えたのは、スコセッシ監督がゴッホ役を演じた黒澤明監督『夢』（1990年）の撮影で日本に滞在していた時だったそうだ。

ただ、当初は「どのように映画化すべきものか、原作をどのように解釈すべきかうまくつかめずにいた。自分の宗教観や疑念、日本文化への理解がまだ十分ではなかった。年を重ねるなかで、長い時間をかけて学んでいった」とスコセッシ監督は言う。

やっと脚本に取りかかれる段階になった、と思えるようになったのは『ギャング・オブ・ニューヨーク』を撮っていた頃だという。それまでは、「書けていなかったけれど、映画化権を失いたくなかったから、権利元には『大丈夫、大丈夫』と言っていた」とスコセッシ監督。あまりに長くかかったため、イタリアの配給会社からは訴訟を起こされてもいる。脚本の執筆をついに終えたのは2006年。「その間、映画の修復活動などにもかかわったりして、私自身も成長した。若い時に撮っていたら全然違う作品になっていただろう。私はこの小説とともに成長したと思っている」とスコセッシ監督は語った。

スコセッシ監督は『沈黙―サイレンス―』の製作に無償で取り組んだ。登場したスター級の俳優も通常より低いギャラで出演に応じたという。

スコセッシ監督はローマでの上映会で、アジア系のイエズス会神父にこう言われたという。「隠れキリシタンになされた拷問はそれは壮絶なものだったが、西洋の宣教師も一種の暴力を持ち込んだと言えるのではないか。『キリスト教こそが普遍的な真実である』として他国の文化を否定し布教すること自体、侵害であり暴力の一種ではないか」と。

スコセッシ監督は言う。「映画でも、ロドリゴのそうした傲慢《ごうまん》さは崩されていく。彼は自分をいったん空っぽにし、自らを変えていった。そうしてロドリゴは真のキリシタンになった。日本の信者の方々はそうした慈悲心や、人は誰しも価値があるのだという考え方にひかれるのではないか」

スコセッシ監督は記者会見の終盤、さらに語った。「この作品は弱さや懐疑心、そして否定ではなく受け入れることを描いている。弱きをはじかず、受け入れ、抱擁することをうたっている。そうした弱さを抱えている人たちに伝われば、と思っている。人はみなが強くなければいけないわけではない。強さが文明を維持する唯一の手段ではないと思う。今の若い人たちは、勝者が勝ち取っていく世界しか見ていないが、それはとても危ないことだと思っている。世界はそういうものだと思ってしまう。よくないことだ」

格差が広がり、不寛容に満ちていく足元の米国、そして世界への警鐘に聞こえた。

弾圧されても書きに書きまくった気骨

『トランボ　ハリウッドに最も嫌われた男』

「赤狩り」で追放された「ハリウッド・テン」のひとり

アカデミー賞脚本家、故ダルトン・トランボを描いた『トランボ　ハリウッドに最も嫌われた男』（原題「Trumbo」）（2015年）。米上院議員だった故ジョセフ・マッカーシーによる「赤狩り」が吹き荒れた冷戦初期、映画界で労働運動に携わり、下院非米活動委員会で「共産主義者か否か」の証言や仲間の「密告」も拒んで収監、業界から一時追放された「ハリウッド・テン（ハリウッドの10人）」のひとり、ダルトン・トランボの半生を追った作品だ。映画界で仕事を失い、妻子が嫌がらせを受けた間も、別人の名を借りたり偽名を使ったりして脚本を量産し続けた彼を演じたブライアン・クランストンは2016年、アカデミー主演男優賞にノミネートされた。

故オードリー・ヘプバーンが一躍大スターとなった『ローマの休日』（1953年）の脚本家が

実はこのトランボだと私が知ったのは、思えば新聞記者になってまもない頃だ。新米の警察担当として思うように取材も執筆もできず、先輩に怒られるばかりで自分がいやになる日々。そんな時、新聞で「『ローマの休日』脚本家、死後17年たってアカデミー賞」という小さな記事を見た。自分とあまりにもかけ離れた世界ではあるものの、表向きは筆を奪われながらも不朽の名作を書いた気骨の脚本家を知り、入り口でへこたれそうになった自分があまりにも小さく感じられた。そうした影響もあってその後、仕事の合間に脚本教室に通った私だが、「書くこと」に違う角度から取り組んだのは記者としてもいい鍛錬になったように思う。

その『トランボ』のジェイ・ローチ監督に、電話でインタビューした。

ローチ監督は脚本家ジョン・マクナマラから脚本を見せられ、時を置かずに監督を引き受けることを決めたという。「トランボ脚本の『スパルタカス』(1960年)は、私が若い頃に影響を受けた映画でもありますからね」。カーク・ダグラス主演のこの映画は私も大好きな作品のひとつ。昔は「ローマ帝国もの」としかとらえていなかったが、名誉を重んじて仲間を守ろうとした奴隷スパルタカスのセリフには、収監を甘んじて受けたトランボの思いを重ねて見ずにはいられない。

『トランボ』の脚本を書いたマクナマラは、『ローマの休日』でトランボに名義貸しをした脚本家、故イアン・マクレラン・ハンターにニューヨーク大学で師事した。マクナマラは当時、何も知らずに「あなたの『ローマの休日』はすばらしかった」と言った。するとハンターは「いや、あれは私が書いたんじゃないんだ」。ほかにもハリウッド・テンの脚本家から教えを受けたマクナマラは、彼らへの聞き書きをもとに、何年もかけて脚本を仕上げたそうだ。

一方のローチ監督。「実は私も『ハリウッド・テン』のひとり、エドワード・ドミトリク監督に南カリフォルニア大学で教わっているんですよ」

故ドミトリク監督はトランボ同様、委員会で証言を拒んで収監されたが、その後の歩みはまったく違う。隠れて書ける脚本家と違い、本人が現場に来なければ撮影が進まない監督は「偽名でやるわけにはいかず、ただ職を失うだけ」（ローチ監督）。結局、委員会で仲間の名を証言して映画界に復帰し、故ハンフリー・ボガート主演『ケイン号の叛乱《はんらん》』（1954年）など名作を世に残した。

多くの著名な映画人を教授陣に持つ南カリフォルニア大学で、ドミトリク監督が教壇に立った1980年代の学内の空気をローチ監督は今も思い出す。「かつてブラックリストに載せられ翻弄《ほんろう》された人たちも学内にはいて、ドミトリク監督との間にはピリピリした緊張感が流れていた。あれから30年も経っていたのに」

「魔女狩り」はいつでもどこでも起きうる

ローチ監督は、委員会に協力を求められた人たちの苦境を描いた過去の書物を読んだ。「トランボは揺るぎない信念を持つ常に気高い人物だったが、仕事もできず、家族も養えず、苦しい立場に立たされた人たちもいた。ドミトリク監督の葛藤は深刻だったのだろう。いま考える以上に、簡単なことではなかったのだと思う」

撮影にあたりローチ監督は、女優リー・グラントら、かつてブラックリストに載った映画人に取材したほか、トランボのふたりの娘、ニコラとミッツィにも聞き取りを重ねた。「トランボが偽名で書いた脚本を売るのを家族ぐるみで支えた描写は、彼女たちの話に大いに助けられたよ。常に監視対象だったなか、秘密を守るのはいかに恐ろしいことだったか、彼女たちは教えてくれた」

そうした場面でも描かれているように、トランボは二束三文の報酬しか得られないB級映画でもいとわず書き続けた。「お金のためだけの仕事はしたくない」とはどこの世界でも聞かれる言葉だが、取り上げられた筆を奪い返すように書き続ける彼の多作ぶりをスクリーンで眺めると、そんなことはとても軽々には言えない気分になる。それでいて、そのかたわら紡いだ『ローマの休日』や、メキシコを舞台にした『黒い牡牛《おうし》』（１９５６年）の脚本が、それぞれ別人名や偽名の下でアカデミー賞を獲得するわけだから、質を問わない量産は必ずしも良質な作品づくりを阻害しないのかもしれない。

ローチ監督自身は、赤狩りを主導したマッカーシーが世を去った1957年に生まれた。

「私の父は当時20歳そこそこだったが、冷戦の戦士のような人でね。米政府のため防衛産業の研究所で働く、きわめて保守的な人だった。リベラルな私は彼の政治思想とはまったく相いれず、よく議論したよ」

そんな父を持つローチ監督は、本作に実名で登場するタカ派俳優の故ジョン・ウェインや、反共コラムニスト、故ヘッダ・ホッパーらが「国のため」「産業のため」と信じてトランボらを追いやった構図を踏まえつつ、こう解説する。「トランボが共産党員になった頃は、（第2次大戦中の）全体主義やファシズムに対抗するものとして、またゆきすぎた資本主義のもとで労働者の権利を守るためとして、米国の多くの文化人が入党した。今から見れば民主社会主義といったところだが、労働運動を嫌う映画人らは、『共産主義の脅威』という言い方で攻撃した」

ローチ監督は、元共和党副大統領候補サラ・ペイリンを描いてエミー賞やゴールデングローブ賞に輝いたテレビ映画『ゲーム・チェンジ――大統領選を駆け抜けた女』（2012年）や、映画『俺たちスーパー・ポリティシャン　目指せ下院議員！』（2012年）など政治風刺作品でも知られる。政治の流れを見据えてきた監督として、「トランプらが、米国や欧州でイスラム教徒のテロの恐怖をあおっているさまは、共産主義の恐怖があおられた当時と似ている。かつてのような『魔女狩り』はどこでも起きうる。もうすでに起きているのかもしれない」と懸念を示した。

同じような嵐がまた映画界に吹き荒れたら、ローチ監督はどう行動するのだろう。一拍置いて、彼は答えた。「それこそが、この映画が投げかける問いなんだ」

「事実」を報じる痛みと責任

『ニュースの真相』

大統領の軍歴詐称スクープ

米映画『ニュースの真相』（原題 Truth）（2015年）。米国の伝説的アンカーマンが、番組を降板するまでを描いたこの作品を見ると、報道人のひとりとして胸が苦しくなる。

かつて映画に登場するジャーナリストは主に、巨悪を暴き、権力の脅しにも屈さず、虐殺や戦場の現実を命がけで伝える「ヒーロー」だった。メディア批判が広がった特にここ20年ほどは、プライバシーに土足で踏み込んだり、功名心から記事をでっち上げたり、政府や業界に取り込まれたりする「悪役」としての描写が増えた。だが現実はたいてい、そんな単純な話ではない。間違いは、悪意などなしに起きうる。

『ニュースの真相』は、米報道界のスター的存在だったダン・ラザーが、米3大ネットワークの一角CBSの看板番組「60ミニッツII」のアンカーを降板するに至った、2004年の実際の不祥事に基づく作品だ。

時はジョージ・ブッシュ米大統領が再選をめざし、民主党候補ジョン・ケリーと競り合った2004年秋。若かりし頃のブッシュが州兵時代、すでに大物政治家だった父ブッシュの力でベトナム戦争の前線行きを逃れた——。番組は「スクープ」としてそう報じた。ブッシュの軍歴問題は各社ともすでに追いかけていたが、CBSが「証拠」なる文書とともに打ち出したことで、大統領選を約2カ月後に控えた米国は騒ぎに。だが、「証拠」はまもなくブロガーらにネットで検証され、「誤報」と糾弾されていく。リベラルの急先鋒《きゅうせんぽう》でもあったラザーらは保守派らの格好の批判の的となり、CBSは対応に追われた。一方、肝心のブッシュの軍歴問題は脇に追いやられてしまった。

当時の番組プロデューサー、メアリー・メイプスはこの同じ年、2004年の春にイラク・アブグレイブ刑務所の捕虜虐待を報じ、放送界のピュリツァー賞と言われるピーボディ賞を受けた敏腕ジャーナリスト。そしてラザーは、報道に携わる人間なら知らない人はいないと言える名物アンカーマン。ケネディ大統領暗殺を現場から伝えて脚光を浴び、故ニクソン大統領や父ブッシュらとインタビューでやり合ったのは有名だ。

そんな彼らが事実関係をどのように詰めようとして間違い、またCBSの上層部はいかに対処してきたのか。フィクションの体裁をとりながらも、作品は事前取材を重ね、真相への肉薄を試みる。

報道を信奉する映画人が報道を問う

脚本家として長く活動し、本作が初監督作品となるジェームズ・ヴァンダービルトに、電話でインタビューした。

ヴァンダービルト監督は、メイプスがこのてんまつをつづった本を読んで興味を深め、出版の約3カ月後の2006年1月に彼女を訪ねた。「話を聞けば聞くほど、米国のジャーナリズムにとどまらない、普遍性をはらむ話だと感じ、ぜひやりたいと思いましたね」

だが映画化計画に、「メイプスは当初、乗り気ではなかった」という。

無理もない。映画は大スクリーンで見せる役者の表情や効果的な画面の転換、音楽などで多くの人の関心をひく利点がある一方、上映時間内に収めるためいくつものエピソードは削られ、要約を余儀なくされる。微妙な話であればあるほど、誤解が生まれるリスクは否めない。この問題に関係した人たちの多くはなお現役で、映画化で彼らにどんな影響があるかも計り知れない。また、彼女らが追い求めたブッシュの軍歴問題自体の真相はわからないままだ。

構想を練り始めた当時の米国はブッシュ政権下。「映画自体にそうした意図がなくても、政権攻撃の作品だと思われる可能性があった。メイプスに理解してもらうのに時間がかかったね」とヴァンダービルト監督は言う。だが何度も語り合ううち、彼女も協力的に。そのうえで彼女は、「攻撃されたり、議論を呼んだりする覚悟がないといけませんよ」と彼に忠告したそうだ。

ヴァンダービルト監督は、ラザーには2006年3月に会いに行った。オープンに当時のことを話してくれたというラザーだが、彼ものちに「本当に映画になるとは思わなかった」と語ったという。

ヴァンダービルト監督自身、「若い頃はジャーナリスト志望で、ジャーナリズムにいつも関心を寄せてきた。だから、『カーテンの向こう側』で何が起きているかをつまびらかにするような映画が好きでね。今回も、何が起きたのか、端的に事実を示し、正確かつ公平に描くようにした。僕はこの映画で、ジャーナリストであろうとしたんだ」。たとえばCBSの内部調査委員会の様子をはじめ、「少なくともふたりに確認できなかった会話は入れないようにした」。そのためにも、メイプスやラザー、取材陣はもとより、彼らを調査し追及、あるいは処分する側となったCBS上層部を含め、「関係者すべてに取材を試みた」。

話したがらない人はやはり少なくなかったが、当時のメイプスの上司だった番組エグゼクティブ・プロデューサー、ジョシュ・ハワードらは時間をとってくれた。「彼は疑わしそうにしていたけれど、僕は『この話に本当の悪役はいないと思う。みんなそれぞれの仕事を全うしようとしただけでしょう』と説明した。彼もこれで職を失ったわけだからね」とヴァンダービルト監督は言う。

舞台となったCBSは、この映画のCMを一切流していない。米誌バラエティなどの取材には、「この映画には多くの不正確さや事実の歪曲《わいきょく》がある」と批判コメントも出した。

「彼らはそう言わなければならない立場なのだと思う」とヴァンダービルト監督は言う。

CBSの当時の親会社はその後、会社分割によって大手メディア、バイアコムとなった。その傘下には、大手映画スタジオのパラマウント・ピクチャーズがある。ヴァンダービルトは監督や脚本家としていずれ、彼らと仕事をする機会もあるかもしれない。CBSが歓迎しない映画を撮ったことで、今後キャリアになんらかの影響が出たりはしないだろうか？　そう聞くと、ヴァンダービルト監督は「心配はしていない。たぶん僕はそこまで賢くないんだろうね」と笑った。

ジャーナリズムを信奉する映画人の矜持《きょうじ》、なのだろう。ちなみにCNNのスターアンカーマン、アンダーソン・クーパーはヴァンダービルトのまたいとこだ。

質問しなくなったらこの国は終わり

メイプスを演じたのはオスカー女優ケイト・ブランシェット。ラザー役は、ロバート・レッドフォードだ。レッドフォードと言えば、ジャーナリスト映画の金字塔『大統領の陰謀』（1976年）で、ニクソン米大統領辞任の大きなきっかけとなったウォーターゲート事件を調査報道で明らかにし、当局の圧力にも負けず報じた米紙ワシントン・ポスト記者ボブ・ウッドワードを演じた。『アンカーウーマン』（1996年）では、ミシェル・ファイファー演じる女性アンカーを支え、鍛えたディレクターの役だった。それが今度は、調査報道の失敗で退場するラザーを演じたわけだ。

米国公開直前の2015年10月、米紙ニューヨーク・タイムズが、ブランシェットやレッドフォード、メイプスにラザーを招いたトークショーを開いた。

ユーチューブで公開されているトークショーの動画を見ると、メイプスもラザーも「私たちは間違いを犯した」と反省の言葉をそれぞれ口にしていた。メイプスは「放送に間に合わせるため大急ぎで取材するか、あるいはまったく放送しないか、だったのだと思う」と時間的制約も一因だったと語った。

映画では、メイプスがキーパーソンから裏をとろうとただ電話をかけ続けるばかりの様子や、ようやく相手が電話に出た際のやりとりなどが再現される。そうした場面を見ると、同業者としては胸がキリキリする。背景や事情を深く知らない立場から事後的にあえて言わせてもらえば、ともかくじかに会おうとする努力も並行してできなかったのだろうか、と。

だからこそと言うべきか、トークショーでのレッドフォードの言葉もまた印象的だった。『大統領の陰謀』も『ニュースの真相』も、事実を明らかにしようとして困難に立ち向かうふたりのジャーナリストの話だ。違うのは、前者は上司の支えを得られたのに対し、後者はそうではなかったということだ」。調査報道や報道機関の変遷を、映画を通して追体験してきた彼ならではの実感でもあるのだろう。

レッドフォード演じるラザーが劇中、若い男性ジャーナリストに語ったセリフがある。「質問することは重要だ。『やめろ』と言われたり『偏向だ』と批判されたりしても、質問しなくなったらこの国は終わりだ」

事実に基づかない情報を「オルタナティブ・ファクト（もうひとつの事実）」として正当化し、政権に批判的なメディアを取材の場から閉め出したりもするトランプ体制の下では、より切実に響く。

この映画は、報道を志した映画人による、報道を全角度から問う作品と言えるだろう。

ごく最近の大事故を作品にする重み
『ハドソン川の奇跡』

勝手に物語を作り上げない

２００９年にＵＳエアウェイズ機がニューヨーク・ハドソン川に不時着した実話の舞台裏を描いた『ハドソン川の奇跡』（原題 Sully）が２０１６年、公開された。実在の人物やできごとを実名で映画化するのは、新聞で長い記事を書くのにも似ている、と思う。大きく報じられた最近のできごとであればあるほど、実際に経験した人たちによる検証を免れない。映像で物語として観客を楽しませなければならない分、映画は新聞記事よりもハードルが高いかもしれない。クリント・イーストウッド監督らに取材し、そう感じた。

「ハドソン川の奇跡」とは――。ニューヨーク・ラガーディア空港から離陸した直後の旅客機に鳥の大群が衝突（バードストライク）して両方のエンジンが停止した。ビルが林立する大都会マンハッタンの上空でどんどん高度が下がっていく。サレンバーガー機長（愛称サリー）の瞬時の冷静な判断でハドソン川に着水。乗客乗員155人全員が無事に生還し、機体の損傷も最小限にとどめられた。米メディアは機長をヒーローとして大きく報じた。

私は当時、朝日新聞東京本社の国際報道部で米州（南北アメリカ大陸）を担当する記者で、内勤をしながらCNNなどでこのニュースをよく見ていた。サレンバーガー機長をもてはやす報道が目立っただけに、この映画で描かれたように、彼が米国家運輸安全委員会（NTSB）の厳しい調査を受け、大変な日々を送っていたとは想像もしなかった。

公開に先立ち、サレンバーガー機長を演じた主演のトム・ハンクスと副操縦士役アーロン・エッカートが来日した。

記者会見で、ハンクスに直接質問した。

『キャプテン・フィリップス』（2013年）、『ウォルト・ディズニーの約束』（同年）、『ブリッジ・オブ・スパイ』（2015年）と続いて今回は『ハドソン川の奇跡』。最近なぜ実在の人物の役柄が続き、またそれはどれくらい大変なのでしょう――。

ハンクスは答えた。「神話と言われるものにも知られざる事実が隠されていて、一幕、三幕、四幕を見いだしたりする。そうしたディテールが興味深い。僕の俳優としての仕事は、みんなが経験したことを編集したり再定義したりせず、映画に変換することだ。勝手に物語を作り上げたり装飾したりしないという意味で、非常に大事な仕事を負っている」

ほかの質疑応答でもハンクスは、「実際に経験した方々が言うことはまったくもってまっとうで率直なもの。たとえ何を言われたとしても受け入れるが、実際よりも危機的な状況に見せる、といったことはしなかった。映画が正確であったと願っている」と語った。エッカートも「不時着もNTSBの調査も、観客が実際に経験しているように感じてもらえればと思う」と話した。

イーストウッド監督も、後述するインタビューで、サレンバーガー機長には映画製作の前に台本を見てもらったと語っていた。ハンクスもサレンバーガー機長と何度も話してから撮影に臨んだ。

事故機の航空会社も製作に協力

実はこの飛行機には日本人もふたり乗っていた。商社マンとして当時ニューヨークに赴任していた滝川裕己さんと、出口適《かなう》さんで、ともにアラバマ州へ出張する途中だった。映画の試写会で、出口さん、滝川さんの妻・真以さんと高校生の長男・晃弘さんのほか、航空業界に精通する帝京大学航空宇宙工学科非常勤講師、鳥海高太朗さんを招いたトークショーが開かれ、私が司会・進行を務めた。

出口さんは言った。「映画はリアルで、忠実に再現されていた」

出口さんは当時、機内後方の通路側に座っていた。「ふと窓の外を見たらマンハッタンの街が低いところに見えた。何かおかしいなと思ったら、『不時着するので衝撃に備えてください』というアナウンスが機長からあった。川の上に不時着したという割にはものすごくスムーズだった」。すぐさま真冬の極寒のハドソン川の水が機内に入ってきてひざ下ぐらいまでつかり、「内心、非常に焦った。非常口にたどり着くまでの時間が長く感じられた」という。

真以さんは当時、仕事を終えてからテレビのニュースで事故を知った。夫・滝川裕己さんを思い、「この後飛行機に乗れるだろうか、精神的にどうだろうかと心配になった」そうだ。その点について、出口さんは「映画を見て、忘れていた心理的ストレスを感じた」と話したが、当時は事故の10日後には出張で飛行機に乗らざるを得なかったといい、「強制リハビリになった」と笑って振り返った。

滝川さんの機内での様子は映画でも見いだせる。見た目はご本人とは似ていないが、アジア系俳優が演じていて、搭乗者の属性をなるべく再現しようとしたさまが見てとれる。

映画は機長と副操縦士へのNTSBの調査が大きな軸となっているが、搭乗者も救出後、フェリー上で一人ひとり、ニューヨーク市警の事情聴取を受けたという。出口さんは「何か異変がなかったか、おかしな人がいなかったか事細かに聞かれた。事件性がないか捜査していたようだ」と話した。事故があったのは、オバマ米大統領の就任5日前。全員が無事だったため原因はすぐに突き止められたが、もし機体がビルに突っ込んでいたら「すわテロか」と、米国社会は再びテロの疑心暗鬼に包まれていたかもしれない。

この作品は米国では公開後2週連続で、興行収入1位のヒットとなった。そのためもあろうか、NTSBの幹部が公開の約1週間後、米紙ワシントン・ポストの映画評に反論する形で「サレンバーガー機長への調査はきまりにのっとったものだった」と、調査の正当性を主張する寄稿をしている。

今作はNTSBに加えて、航空会社も実名で登場している。のみならず、USエアウェイズとその後親会社が合併したアメリカン航空が、製作に協力している。

520人が亡くなった日本航空123便の御巣鷹山《おすたかやま》墜落事故をモデルに描いた故・山崎豊子の小説『沈まぬ太陽』について10年あまり前、民放キー局の役員に尋ねた時のことを思い出した。「ドラマ化や映画化はないんでしょうか」と聞くと、「いや〜、それは無理ですよ」。すべて仮名であっても日本航空がモデルなのは明白ゆえ、スポンサーへの配慮からとても考えられないとのことだった。

その後、2009年に渡辺謙主演で映画化され、2016年にはWOWOWがドラマ化しているが、それでも『ハドソン川の奇跡』のように、近年の事故について実名で映画化するのは「日本ではなかなか難しい」と鳥海さんも話す。

本作のような作品作りが、変化を強く後押ししてゆけば、と思う。

「私はトランプよりいい仕事をするよ」

公開に先立ち、ロサンゼルスではイーストウッド監督のグループインタビューが開かれ、私も加わった。「フィクションの形はとりつつも、リアルな物語を撮るのが好きなんだ。機長には映画製作の前に台本を見てもらったが、満足した様子だった」とイーストウッド監督は言う。

ハドソン川への着水も忠実な再現を心がけた場面のひとつだった。イーストウッド監督自身の経験も生きたという。兵役に就いていた21歳の頃、軍用機が燃料切れで太平洋沖に不時着した。「操縦士はすばらしかったが、荒れた海で、高速で水面を跳ねながらの着水がどんなものか、今も鮮明に覚えている。その記憶が撮影に役立った」

ハドソン川への着水後に船が総出で救出にあたった場面も「当時と同じ船を使って撮影した」。とはいえ旅客機については川に実際に浮かべるわけにはいかない。エアバス社の中古機材を買い、ハリウッドのユニバーサル・スタジオの湖で別途撮影し、ニューヨークでの撮影映像と合体させた。

「特殊効果を多用する映画はやりたくない」とイーストウッド監督は言う。「すばらしいツールだとは思うが、今のハリウッドはツールのための映画作りが目立ち、物語はおざなり。作りたいものを作るべきだ」と力説する。だからこそ、今作の特殊効果も「必要最小限」に抑えている。

86歳（公開時）にして創作の手を緩めないのはそんな問題意識もあってか。「経験はどんな仕事でも大事だ。情熱を失ったら経験も意味をなさなくなるが、私は失う段階に至っていないし、そのつもりもない。いま検討中の題材はふたつほどあるよ。いずれもドラマチックなものだ」

米国では大統領選の投開票を控えていた。この映画化もありうるだろうか。「だとしたら、大統領役は私かな。私はトランプよりいい仕事をするよ」と笑った。

マット・デイモンが問う「スノーデン後の世界」

『ジェイソン・ボーン』

政治的発言を最もいとわないドル箱俳優

政治的な発言が目立つハリウッドといえど、マット・デイモンほど率直に批判もし、自らの姿勢を作品選びにも反映させているドル箱スターはいないのではないだろうか。9年ぶりのシリーズ新作『ジェイソン・ボーン』（原題 Jason Bourne）（2016年）公開を前に来日した彼に、ブッシュ米政権下で生み出した「ボーン」をいま再び演じる意味を聞いた。

マットへのインタビューは3年ぶり2回目。未来の格差社会を描いた主演作『エリジウム』（2013年）の公開前にロサンゼルスで取材した前回同様、今の政治状況や社会への思いを存分に、作品の背景とともに語ってくれた。

マットが出演するボーン・シリーズとしては4作目となる『ジェイソン・ボーン』。今回の主な舞台は財政危機にあえぐギリシャに、米ラスベガス。アテネ中心部の国会議事堂前のシンタグマ広場で大規模な反政府デモが機動隊と衝突、混乱をきわめるさなか、元米中央情報局(CIA)エージェントのボーンが追っ手をかわしながら昔の仲間と落ち合う。欧州の現実を背景にしつつ、政府の欺瞞《ぎまん》を暴こうとする欧州の活動家ハッカーや、サイバー空間をコントロールしようとする米政府、政府への協力を余儀なくされる米IT企業が攻防を繰り広げるうち、舞台はラスベガスへ。ここでピンときた方は、なかなかのサイバー通。そう、ラスベガスと言えば世界最大のハッカーの祭典「デフコン」や「ブラックハット」が毎夏開かれる、ハッカー大集合の街でもある。

2010年に朝日新聞の別刷「GLOBE」の特集「サイバー戦争」でハッカーや、彼らと米政府とのかかわりについて取材し、ロサンゼルス支局に赴任後もこの分野の取材を続けた私には実はなじみの世界だったりする。2012年夏、当時の米国家安全保障局(NSA)長官キース・アレキサンダーが史上初めてデフコンに現れて壇上でハッカーらに協力を呼びかけたり、元CIA職員エドワード・スノーデンによる米政府の巨大監視の暴露について政府関係者とハッカーらが議論したりするのを取材したが、今作の劇中、トミー・リー・ジョーンズ演じるCIA長官がラスベガスのハッカーの会議に登壇したさまは当時をほうふつさせた。

インタビューでマットにそう伝えると「そうなの?」と目を見開き、「まさに僕らはこのシリーズで、いつもタイムリーであろうと努めている」と語った。「前の3作はブッシュ政権下のテロとの戦いについてだった。第3作『ボーン・アルティメイタム』（2007年）をマドリードとロンドン、ニューヨークで撮影したのは、テロ攻撃を受けた場所だったから。常に、いま僕らが生きる時代の真実を突いたものであろうとしているんだ」

プライバシーか安全保障か

前作『ボーン・アルティメイタム』が公開された2007年夏の米国は、ブッシュ政権末期で、オバマが民主党候補として大統領選を戦っていたさなか。マットはオバマ当選を強力に後押しした旗振り役となったわけだが、「再びボーンを世に出すには、世界が変わるのを待たなければならなかった。新たな社会の風景に彼を投じる必要があると感じた」。

マット・デイモン

　オバマ政権も2期目となり、最新作を構想するにあたってマットはポール・グリーングラス監督と「2007年当時と今とで何が変わったか」を列挙した。「すると、金融危機にソーシャルメディアの台頭、スノーデンの暴露、メール送受信などの記録といったメタデータの扱い……ものすごくたくさんのことが起きて、まったく新たなランドスケープが広がっていることに気づいたんだよ。『プライバシーか安全保障か』という問題は、それまで誰も気にとめなかったわけだから」。マットは口調を強めた。

「この作品自体は娯楽作品で、スノーデン後の世界について答えを示すものではないし、そうすべきでもないと思っている」。マットはそう前置きしつつ、続けた。「でも僕らは常に、ボーンはこの世界に実在していてすぐそばの通りを歩いているかもしれない、と観客に感じてほしいと思っている。ジェームズ・ボンドのエキゾチックな世界ではなく、ボーンは僕らが暮らすこの世界にいるのだと」「僕にとっての『スノーデン後の世界』を考えると、デジタルに満ちた生活が示すのは、デジタル上の情報は誰のものかということ。それはものすごく深くて大事な問いだ」

彼はハーバード大学の学生だった時に受けた講義を挙げてこう語った。「25年前、ハーバードの冷戦の講義で教授はこう言っていた。『旧ソ連の情報機関が優れているのは、KGB（ソ連国家保安委員会）への内通者がごまんといて、自由社会の我々よりもはるかに入り組んだ組織となっているためだ』と。情報機関としては、あらゆる手段を使ってできる限り情報を収集すれば仕事をしやすくなる。そうして今のNSAは映画で描かれているように、グーグルをはじめとするプラットフォームのバックドアに入り込んでいる。彼らとしては、そうしなければならないと思っている」。そのうえでマットは言った。「それでも、彼らには非常に申し訳ないけれど、僕は安全保障よりプライバシーを重んじる立場だ」。だからこその本作ということだろう。

ボーン・シリーズは、007シリーズへのアンチテーゼでもあったという。マットによると、シリーズ第1作『ボーン・アイデンティティー』(2002年)のダグ・リーマン監督は当時、「僕はジェームズ・ボンドに共感しない。彼は1960年代の価値観を持ったミソジニスト(女性を蔑視する人)。人を殺して笑ってジョークを飛ばし、マティーニをあおっている」と語ったという。マットは言う。「僕らがしたいことをしてくれるスパイがあるはずだ。そうしてボーンは生まれた」。たしかに、007シリーズの売りであるボンドガールは、特にかつてはただ性的な対象だったりすることが多かったが、ボーン・シリーズに登場する女性は友好的であれ敵対的であれ、一貫して対等で力強い存在だ。今作ではCIA幹部を演じるアリシア・ヴィキャンデルや、元CIAエージェント役のジュリア・スタイルズがそうした役割を担う。

怒りは左でも右でも起きている

今回インタビューしたのは米大統領選を控えた2016年8月。トランプの台頭やオバマ政権についても聞いた。

オバマについては、2013年のインタビューとの違いを感じた。オバマ政権2期目が始まった年でもあり、強力な支持者として当時は逆に、無人機攻撃やスノーデンへの対応、進まない核軍縮、「犯罪とも言えるやり方で金もうけをしてきた」とするウォール街にうまく対処してこなかったことについて苦言を呈し、「ブッシュ政権のような政策をオバマが継承していることに人々は驚いている」と皮肉った。

だが今回は、「オバマ政権にまったく理解できない点はいくつかあり、市民としては疑問を投げかけてきたが、オバマは（たとえば安全保障かプライバシーかの問題でも）どちら側の意見も非常に深く理解しているとは思う」と答えるにとどめたうえ、「オバマは非常に思慮深い人間であり、僕は彼の決定を非常に信頼している。だからこそ彼に2回とも投票し、選挙運動を支えてきた」と改めてたたえた。

トランプ現象についてマットは「悲しいことだ。彼の暴言はかつてなら大統領候補失格なのに放置されている。グローバル化する社会で人々は置き去りにされていると感じている。エスタブリッシュメント（既得権層）への不満や敵意が、英国では欧州連合（ＥＵ）離脱、米国ではトランプ現象として表れている。だからＥＵ離脱派が勝った時、僕は初めて、これはトランプが勝つかもしれないという気持ちになった」と語る。

もしトランプが大統領選に勝ったら？　そう問うと、「いや、今は彼は勝てないと思っている。イラクで戦死したイスラム教徒の米兵遺族を中傷した時、党派を超えて誰もが不快に感じた。これが、トランプが負けた決定的瞬間だったと思う。彼を勝たせないためなら何でもする。民主党のヒラリー・クリントンが望めば集会を開くし、僕もどこでも登壇する」とまで語った。長く映画界からリベラルな発言や活動を続け、オバマ躍進とトランプ台頭という正反対の現象を目の当たりにしてきた彼だからこその、願望もこめた率直な思いだっただろう。

マットは、人々の不満が、社会の上位層であるハリウッドのリベラルに向けられていることも自覚していた。「民主党候補に名乗りを上げたバーニー・サンダースが人気を集め、人々が熱狂したのはそのひとつの表れだろう。怒りは左でも右でも起きている。誰が大統領になっても止められない潮流で、できることにも限界がある。その潮流を受け止めるのは大変だろう。光明は、不満を持つ多くの若者が選挙活動にかかわったこと。いずれ彼らが政権に関与する時がくるだろう」

大統領選では結局、マットの努力や願いもむなしく、トランプが勝利した。マットはトランプ就任間近の2017年1月、世界経済フォーラムの年次総会（ダボス会議）で米CNBCに語った。「僕が彼に投票しなかったのは明らかだ」「僕たちは新たな領域に突入している感じだ」としたうえで、「今は本当に、彼を応援しなければならない」。なんであれ、前を向かなければならないという雰囲気が、インタビュー動画から感じられた。

ハリウッド若さ至上主義との闘い
『マダム・フローレンス！　夢見るふたり』

メリルですら受けた年齢差別

メリル・ストリープが２０１６年10月、来日した。主演作『マダム・フローレンス！　夢見るふたり』（英、原題Florence Foster Jenkins）（２０１６年）が東京国際映画祭のオープニング作品として上映されたためだ。記者会見に臨んだメリルに、彼女が近年取り組んでいる、年を重ねた女性が登用されなくなる業界の問題について尋ねた。彼女ほど実力と評価が世界的に確立した人でも、「その現実」に直面して苦しむのなら、フツーの私たちはどうすればいいんだろう。

『マダム・フローレンス！　夢見るふたり』は、音痴でありながら、米ニューヨークの音楽の殿堂カーネギー・ホールでリサイタルを開いた「伝説」の故フローレンス・フォスター・ジェンキンスの実話に基づく。

銀行家で弁護士、州議会議員でもあった裕福な父のもとに生まれ、ピアニストをめざして勘当されるほど音楽を愛したが、歌はド下手。映画では、亡くなった父の膨大な遺産を相続後、ヒュー・グラント演じる事実婚の夫シンクレア・ベイフィールドとともに、第2次大戦の戦火を逃れて欧州からやってきた音楽家らに資金を注ぐ。劇中でも、ムソリーニのファシズムに抵抗したイタリアの指揮者、故アルトゥーロ・トスカニーニに援助するさまが垣間見《かいまみ》られるが、彼女は一方で、病をおして自らの報われない音楽愛に生きた。そんなフローレンスを、メリルが悲哀たっぷりに演じている。

記者会見の冒頭で、メリルは「音痴トレーニング」についておどけながら説明した。

オペラを学んだことのあるメリルは、ミュージカル映画『マンマ・ミーア！』（2008年）でもABBAのヒット曲を披露したように、歌唱力には定評がある。うまい人が下手に歌うのは人一倍大変だったことだろう。フローレンスの音痴ぶりを再現するため、「まずはすばらしいオペラコーチのもとで、アリアをうまく歌う練習をしたんです。2カ月の特訓の最後の2週間で……、なんと表現すればいいかな、それをめちゃくちゃにしたんですよ」とメリルは言った。

質疑になり、私は手を挙げた。

最近のメリルは、映画業界のジェンダー・バランス問題について声を上げていますが、その観点から、どうしてこのフローレンス役を受けられたのでしょうか。ハリウッドの男女差別や

メリル・ストリープ

年齢主義をどのように見ているのでしょう——。

メリルは、『プラダを着た悪魔』（2006年）の鬼編集長ミランダと同一人物とは思えない優しげな面持ちで答えた。「70代（の女性）が主役なんて、米国の映画史上でかつてないこと。私は、自分の実年齢よりはるかに年をとった人物を演じたわけです。なんとかやりとげた感じ」。そう笑ったうえで、続けた。「年齢主義や、いわゆるマーケティングに基づく（配役や作品選びの）決定はこれまでもあったこと。でも考えてみれば、『マンマ・ミーア！』は私が出たなかで最もヒットした映画ですが、その時私は58歳だった。つまり、ありがたいことに、（年齢主義など）すべてのしきたりは崩れつつある」

意外と前向きな答えが返ってきた、と感じた。そう思えるからこそ、実年齢を上回る役を演じようと思ったのだろう。

私がそんな質問をしたのは、ここ数年の彼女には、映画業界のジェンダー・ギャップや年齢差別をめぐる発言が目立つからだ。2015年のアカデミー賞授賞式では、助演女優賞のパトリシア・アークエットが受賞スピーチで「全米の女性が平等の権利を持つべきだ」と語ると、会場にいたメリルは同意の叫びを上げ、大きく拍手しながら立ち上がった。

2011年には米誌ヴォーグに、「40歳になったとたん、魔女の役を立て続けに3つもオファーされた」と衝撃とともに語っている。「出産年齢を過ぎた女性はグロテスクとみなされるのだろうか」とメリルは吐露し、当時、「どうしたらいいの？　もう終わりということじゃない」と夫に弱音を吐いたことも明かした。その後、ディズニー映画『イントゥ・ザ・ウッズ』（2014年）で魔女役をついに受けるわけだが、それ以前のオファーはとうてい演じたいと思える役柄ではなかった、ということだろう。

オスカー常連のメリルにしてこうなのだから、いわんやほかの女優たちをや。

30歳を過ぎたら恋人役はお払い箱？

アカデミー賞にもノミネートされたマギー・ジレンホールは2015年、米ネットメディア「ザ・ラップ」のインタビューで「55歳の男性の恋人役を『年をとりすぎている』という理由でハリウッドのプロデューサーに断られた」と明かした。マギーは「まだ37歳だったというのに。驚き、いやな気分になり、憤《いきどお》り、そして笑っちゃった」と語っている。

『プラダを着た悪魔』でミランダ編集長のもと成長する新米編集者を演じ、いまやオスカー女優となったアン・ハサウェイにも似たことが起きているようだ。ファッション誌グラマーのインタビューで2015年、彼女はこう話した。「20代の時、50代の女性向けに書かれた役を得たことがある。私自身が30代前半になった今は、『なぜその役を24歳（の女優）がやるの？』という状況になっている」。もっともアンの場合は、「私はそれに文句を言ったり腹を立てたりはできない。自分はかつて、その恩恵を受けたのだから」と、ある意味「模範的」な補足を忘れないわけだが。

英紙インディペンデントは2016年8月、若い女性を求めるハリウッドの変わらぬ現状に、こう問題提起した。「スターを育てるため、スタジオは時間もお金もかけている。30歳で恋人役としてはお払い箱とするなら、投資の無駄では？（女優の出演作品を）シリーズ化したくても、できないではないか」

メリルは、行動も起こしている。業界の「男性社会」ぶりは、スクリーンに現れるキャストだけではない。監督や脚本家をはじめ、スクリーンの向こう側の女性の乏しさはもっと深刻だ。製作陣に女性が少ないからこそ、女性を多角的に描いた作品も生まれづらくなる——。そんな問題意識を背景に、40歳以上の女性脚本家を育成しようと2015年に立ち上げられたライターズ・ラボに、メリルは資金を出した。この取り組みは現在も続き、経験を積んだ才ある女性脚本家が各地から相次ぎ参加している。

ともかく、こうして女性たちが声を上げ、メディアも取り上げるにつれ、この問題は以前より認識が広まり、少しずつ変化も感じる。記者会見でのメリルの前向きな発言は、そうした流れの反映だろうか。

もっとも、年齢をめぐる彼女らの問題提起は、思わぬ余波も生み出している。

ハリウッドを擁する米カリフォルニア州が２０１６年、ある州法を成立させた。エンターテインメント業界のデータベースサイトに載っている俳優らの生年月日といった個人情報を、有料会員の求めに応じて削除できる州法。つまり、世界の多くの業界人や記者らが参考にしているアマゾン傘下のＩＭＤｂなどから、著名人の年齢情報が消える理屈になる。施行は２０１７年１月１日付だ。ジェリー・ブラウン州知事が法案に署名した９月、米俳優組合ＳＡＧ－ＡＦＴＲＡの女性会長ガブリエル・カーテリスは「才能を発揮するチャンスを阻む年齢差別と闘ってきたすべての業界人を代表し、謝意を表したい」と声明を出した。

ネット業界は反発している。米インターネット協会（本部・ワシントン）のマイケル・ベッカーマン会長は米誌ハリウッドリポーターに、異議を唱える文書を出した。「正しい年齢を削除するのは、ウェブサイトの表現の自由をおさえ込むもの。うわさを防ぐたぐいの問題ではなく、公になっている基本情報を示す権利についての問題だ。そうした情報を表示すること自体は差別ではなく、ネット企業は公のデータの活用方法について責められるべきではない」

ＩＭＤｂは、新法が、言論の自由を保障する憲法修正第1条に反するとして、州司法長官を相手どって連邦地裁に提訴。州法施行の仮差し止めも申し立て、２０１７年2月に認められている。

たしかに、メディアの端くれで働く私も、この新法には首をかしげる。死活問題として闘ってきた業界の女性たちの気持ちはわかるが、年齢をネットから削りとっても、若さ至上主義は解決しない。もっと言えば、せっかくの正当な叫びが「面倒な運動」と疎まれるきっかけにならないか、危惧も覚える。

メリルはこの新法を、どう見ているだろうか。

メリルの来日記者会見が開かれたのは米大統領選のまさに直前。彼女が支持してきた民主党大統領候補ヒラリー・クリントンがかつて、「映画で自分が描かれるとしたらメリルに演じてほしい」と語ったことについても質問が飛んだ。メリルは「とても光栄なこと。でも（時機を）待たなければなりません。彼女が成し遂げる業績は未来のことですから」と答えた。当時はクリントンが勝つと信じて疑わなかったであろうメリル。女性蔑視発言を繰り返してきたトランプが大統領になった今、どんな役を演じようとしているのか。

話題の黒人奴隷史映画は、なぜ日本公開中止になったのか

『バース・オブ・ネイション』

白人ばかりノミネートされることへの批判

２０１６年の米サンダンス映画祭でグランプリと観客賞に輝いた話題の米映画『バース・オブ・ネイション』（原題 The Birth of a Nation）の日本を含む国外での公開が、中止になった。残念だ。米国であまり語られてこなかった、黒人奴隷が白人に反乱を起こした史実をもとにした問題作。トランプ政権下、なお続く、あるいは悪化さえしている人種間の相克を考える好機になりうると思ったのだが。

「ナット・ターナー」と聞いても、米国人でも知っている人はそう多くはないようだ。南北戦争勃発に30年先立つ１８３１年の米バージニア州で、心身ともにこれでもかと虐《しいた》げられ続けた黒人奴隷たちが白人の「主人」たちに文字通り刃向かい、結局は弾圧・処刑された事件の中心となった人物だ。米国でもこれまで広く教えられることも、本格的に映画化されることもなか

ったという。舞台となったバージニア州出身で、今作の製作・監督・脚本・主演の4役に挑んだネイト・パーカーも「大学でアフリカ系米国人研究のクラスをとるまで、彼のことを何も知らなかった」とオフィシャルインタビューに答えている。

足元の米国社会では、白人警官による黒人への相次ぐ不当な殺害や乱暴行為がますます問題になっている。当時の黒人奴隷としてはきわめてまれな牧師にもなったターナーを知らしめたい――。パーカーは「タイムリーな話で、この国の人種問題を解決したいという強い願望に訴えるものになる」（オフィシャルインタビュー）と考え、アーミー・ハマーらを白人農場主の役に配して映画化に約8年取り組んだ。そうして完成した『バース・オブ・ネイション』は、2016年1月にサンダンス映画祭で上映されるや、グランプリと観客賞をかっさらった。

当時の米映画界では、同じ月に発表されたアカデミー賞俳優部門のノミネーションが、2年連続で白人ばかりになったことで批判や不満が渦巻いていた。スパイク・リー監督らが授賞式の欠席を表明するなど波紋が広がり、主催する米映画芸術科学アカデミーは、白人男性が大半となっている会員構成の多様化を打ち出すに至った。

そこへタイミングよく登場した今作に、「来年のアカデミー賞での黒人ノミネーションを増やす注目株」と業界はわき立った。ハリウッドのスタジオ大手、20世紀フォックスの姉妹会社フォックス・サーチライト・ピクチャーズが、世界での配給権をサンダンス史上最高額となる

1750万ドルで買い取った、と華々しく報じられた。

黒人奴隷を描いた最近の作品としては、作品賞はじめアカデミー賞3冠に輝いた英国人スティーヴ・マックィーン監督の『それでも夜は明ける』(2013年)が記憶に新しい。両作品とも奴隷をめぐる史実をもとにしながら大きく異なるが、違いをあえてひとつ挙げるなら、「白人にとっての救い」の有無だろう。

『それでも夜は明ける』では、ブラッド・ピット演じるカナダ白人が奴隷制度や黒人への残虐な扱いに異議を唱えるなど、現代の白人観客が見ていてほっとできる場面がいくつかある。しかし『バース・オブ・ネイション』には、そうした「今の価値観から見ても心底共感できる白人」が登場しない。そして、白人のひどい仕打ちはもとより、憤懣《ふんまん》やる方ない黒人たちによる反撃の描写もハンパない。つまり、正直、見続けるのはつらい場面が多々ある。でもそれこそが、人間らしさを奪う奴隷制度がもたらす現実なのだ、とも思わざるを得ない。

『バース・オブ・ネイション』というタイトルにどこか聞き覚えがあるという人は、映画通、あるいは映画を学んだことがある方かもしれない。英語の原題としてはまったく同じ作品が、1915年に米国で公開されている。故D・W・グリフィス監督の無声映画『國民の創生』(原題 The Birth of a Nation)だ。ホワイトハウスでも上映されたこの長編映画は、モンタージュやカットバック、クロースアップといった、今も受け継がれる映画技法を効果的に使った点から映画史的に長く評価され、米議会図書館にも保存されている。

原題が同じなのは偶然ではない。パーカーは「皮肉をこめて」このタイトルをつけた、と米誌「インタビュー」に語っている。

というのも、1915年の作品は、はっきり言って、内容がとんでもない。舞台は同様に南北戦争前後だが、『國民の創生』では黒人が暴力的な悪役となっている一方、かの白人至上主義団体「クー・クラックス・クラン（KKK）」が英雄として描かれている。過去の芸術作品を現在の価値観で判断するのはよくないにせよ、数多くの黒人を暴力的に迫害してきたKKKが「南部の混乱を治めた立役者」となっていることなどから、当時ですら各地で抗議や上映禁止運動が起きた。複数の市長も当時、「人種差別を助長する」として上映禁止を求めたほどだ。米紙ワシントン・ポストなどによると、作品はその後、KKKを勢いづかせるきっかけにもなり、彼らの宣伝や人員獲得にも利用された。

同じタイトルでもって、1915年の作品を黒人の手で上書き更新したい——。そんな思いがパーカーにはあったのだろう。

公開のタイミングでのスキャンダル報道

日本では20世紀フォックス映画の配給で、アカデミー賞授賞式のある2017年2月下旬に公開するべく準備が進んでいた。

それが、取りやめになった。日本だけではない。20世紀フォックス映画に聞いたところ、アジア諸国やノルウェー、フィンランド、ロシア、そしてブラジルを除くラテンアメリカ諸国でも公開がキャンセルとなった。

何があったのか。聞くと、パーカーと、今作の脚本の構想をともに練ったジーン・セレスティンの過去のレイプ疑惑が2016年の夏以降に取りざたされた影響が大きすぎるのだという。

パーカーとセレスティンはペンシルベニア州立大学の学生時代、レスリング選手仲間でルームメイトだった。米メディアによると、ふたりは1999年、女子学生に対する強姦容疑《ごうかんようぎ》をかけられた。意識のないまま被害を受けたと訴える女子学生に対し、パーカーらは「合意のうえだった」と主張。結局、パーカーは無罪に、セレスティンはいったん有罪判決を受けたもののその後無罪となった。

それを2016年、作品に注目が集まるにつれテレビを含むメディアが取り上げた。被害女性がうつになった末に2012年に自殺していたことも新たに報じられ、人権団体なども反発した。映画は、黒人女性への強姦にターナーが憤って立ち上がるさまも描いているだけに、被害者の遺族が米誌バラエティに、不快感を示す寄稿もした。今作で共演したガブリエル・ユニオンまでもが米紙ロサンゼルス・タイムズに「(パーカーらへの)被害訴えを軽んじることはできない」と寄稿するに至っている。一方のパーカーは米ＣＢＳの看板番組「60ミニッツ」などで、ひたすら無罪を主張した。

歌手ハリー・ベラフォンテが「なぜ公開のタイミングでこれが出てくるのか？　彼が犯罪を犯して逃げているならともかく、司法の裁きを受けている」とＡＰ通信に語るなど、擁護する声も一部にはあるが、大きなうねりとはなっていない。

結局、米国での興行成績は当初の予想を大きく下回るものとなった。米映画興行収入データベースサイト「ボックス・オフィス・モジョ」によると、２０１６年10月の公開第１週の週末の全米興行収入は約７００万ドルで６位。翌週末の興行収入はこれより約６割減って10位となり、第３週の週末には上映劇場数もぐっと減った。オスカー狙いの作品が出そろって宣伝合戦が激しくなる12月初旬には、全米で11館しか上映していなかった。興行収入としてはさほど大きくならなかったものの、公開年の同時期は全米１０００館以上で上映されていた『それでも夜は明ける』とは対照的だ。

米大統領選の投開票前の公開とあって、フォックス・サーチライトは一部の上映館で有権者登録ができるようにするなど集客に工夫を凝らしたが、上映館では同時に、パーカーの疑惑への抗議や被害者追悼の座り込みをする性犯罪撲滅団体の姿も目立つこととなった。

宣伝費用などの縮小を迫られたフォックス・サーチライトは、日本を含む多くの国での公開を断念せざるを得なくなった。

米社会の空気は影響したのか

ロサンゼルス映画批評家協会の会長で、朝日新聞の別刷「GLOBE」の「映画クロスレビュー」評者でもある映画評論家クラウディア・プイグに尋ねると、こう解説してくれた。「作品自体に強姦シーンがあり、パーカー演じるターナーがそれにヒロイズムでもって立ち向かう設定であるがゆえに、パーカーへの現実の疑惑を思い浮かべずに見るのは難しい。我々評論家は作品とは切り離して見るようにしているし、たとえば欠点だらけの人間がすばらしい芸術を生み出しうるのも確かだが、これだけ公開直前に一連の報道が出てくると、その文脈を考慮に入れずに映画を見てもらうのは厳しくなる。フォックスとしては、国外にもこの論争を持ち出して損失をさらに大きくしたくはなかったということだろう」。パーカーのメディア対応も逆効果だったようだ。「テレビのインタビューにおいて彼は防御的で、被害女性の自殺に対しても自責の念をあらわにする風ではなく、無責任だとみなされた」とプイグは言う。

米国ではトランプに便乗して差別的発言を繰り出す人たちが目立つようになり、KKKの元最高幹部はトランプ政権誕生をたたえている。今回の作品のつまずきは、パーカーの疑惑に加えて、そうした米社会の空気も影響しているのだろうか。そう聞くと、プイグは言った。「いいいえ、それが直接影響したとは思わない。トランプを支持する人たちはもともと、この映画を見に行きそうにもない。ただ、今の米国がこの作品をもり立てる状況にない、ということは言えるでしょうね」

それにしても、トランプの場合は過去のわいせつ疑惑がいくら取りざたされても、今作のように「トランプ劇場」が縮小を余儀なくされることなどないどころか、大国のトップに選ばれた。プイグは嘆息した。「そう、トランプはどんな行いや発言をしても彼のファンが支え、揺るがない。皮肉ですよね」

いろいろ、やるせない。

特権層のハリウッドが代弁してこなかった声

『タンジェリン』

トランスジェンダー俳優がトランスジェンダーを演じる

心と体の性が一致しないトランスジェンダーを描いた映画は世界でも増えてきたが、その役を、実生活でもトランスジェンダーである人たちが演じる例はそうはない。映画界が彼ら彼女らに共感を示す一方で、トランスジェンダーの俳優を登用してこなかった表れだ。『タンジェリン』（原題 Tangerine）（2015年）はその流れに異議を唱えた。公開前に来日したショーン・ベイカー監督にインタビューした。

舞台はロサンゼルスのハリウッド地区の片隅、ハイランド通りとサンタモニカ通りが交差する一帯。娼婦たちが客を引き、ドラッグの売人がたむろする一角として知られる区域だ。太陽が照りつけるクリスマスイブ、出所したばかりのトランスジェンダーの娼婦シンディ（キタナ・キキ・ロドリゲス）は、留守中に恋人チェスター（ジェームズ・ランソン）が心も体も女性のダイナ（ミッキー・オヘイガン）と浮気した、と同業の親友アレクサンドラ（マイヤ・テイラー）から聞いてブチ切れる。同じくトランスジェンダーで、歌手を夢見るアレクサンドラはシンディをなだめつつライブに臨むが、シンディはなお憤り、付近を仕事場とするアルメニア移民のタクシー運転手ラズミック（カレン・カラグリアン）をも巻き込んだ狂想曲へと発展していく。

シンディはヒスパニック、アレクサンドラはアフリカ系。それに加えてトランスジェンダーという、あらゆる意味で「白人主流層」とは正反対の究極のマイノリティーとして、行き場のない干からびた気持ちをぶつける。ふたりは劇中、ひたすら歩き、あるいはバスを使う。

公共交通機関に乏しい広大なロサンゼルスは、ひとり1台はほぼ必須の文字通りの車社会だ。多くの道路が車向けにできてもいる。ロサンゼルスに3年住んだ実感から言えば、徒歩とバスだけで移動するのはおおむね観光客か学生、あるいは車を持たない貧困層が中心なのが現実だ。舞台となったハイランド通りとサンタモニカ通りの交差点は何度も通りかかったことがあるが、私自身、車で走り去るのがほとんどで、降り立ったことはない。ハリウッドのきらびやかな雰囲気とは対照的だ。

今作で監督・脚本・撮影を担ったベイカー監督はインタビューで語った。「ある意味悪名高いこの交差点はずっと見過ごされてきた。大手スタジオのパラマウント・ピクチャーズのすぐそばにあるのに、一帯が映画やテレビで描かれるのを僕は見たことがない。色彩に富んだ興味深いこの交差点で、映画を撮ってみたかった」

トランスジェンダーをはじめとする性的少数者（ＬＧＢＴ）がハリウッドなどでも描かれるようになって久しいが、世界初の性別適合手術を受けたデンマークの画家、故リリー・エルベをエディ・レッドメインが演じた『リリーのすべて』（２０１５年）をはじめ、心と体の性が一致したシスジェンダーの役者がＬＧＢＴを演じる場合が多い。だが今作では、シンディを演じるキキ、そしてアレクサンドラ役のマイヤとも、現実の世界でもトランスジェンダーだ。

ベイカー監督は言う。「トランスジェンダーではない役者に演じてもらうなんてナンセンスだし、考えもしなかった。実人生での経験を生かしてもらうことで、よりよい作品となる。なのに、ハリウッド大手はなかなかそうした配役をしない。才能ある彼女たちをキャスティングすることで作品がよりよくなるのに、なぜそうしないのか？」

とはいえ、役者を見つけるのは簡単ではなかったという。一帯を徹底リサーチしながら、街角などでトランスジェンダーの人たちに声をかけたりして探したが、ベイカー監督がシスジェンダーの白人男性であるだけに、「警官あるいは記者だと思われて、なかなか取り合ってもらえなかった」。

そこで、舞台となった交差点の近くにある、ＬＧＢＴを支援する「ロサンゼルスＬＧＢＴセンター」に足を運び、マイヤと出会った。家族の理解を得られず、仕事にも困った末、クラブなどで歌いながら娼婦にもなり、何度か逮捕された揚げ句にセラピーを経てLGBTセンターに行き着いたマイヤと話すうち、ベイカー監督は「彼女だ」とひらめいた。

出演に乗り気になったマイヤはベイカー監督に、同様に娼婦経験のあるキキを紹介した。ふたりとも演技経験はゼロだったが、すでに歌手としてステージ経験のあるマイヤと、高校時代に演劇を学んだことがあるキキは吸収も早く、「コミカルな即興もうまかった。それができる役者を見つけるのはなかなか大変なことなんだ」とベイカー監督は言う。

彼女たちが演技力を発揮できた陰に、スマートフォンの存在があった。ベイカー監督はこの映画を全編、iPhone3台で撮影した。撮影を始めた2013年12月の数カ月前に第7世代の機種5sが発売され、「画像の圧縮速度が速くなり、使えるアプリも増えて大きく進化した」と感じたためでもあるが、何より、すべてをごく自然に撮影できる効果があったという。

「iPhoneを持って路上で撮影すると、映画を撮っているとは誰も思わず、『あぁ学生がユーチューブ用に動画を撮っているのかな』ぐらいに見られる。大きなカメラではないから、新人の役者たちもおじけづくことなく演技できる。まるでドキュメンタリーとフィクションのハイブリッドのようなものになったんだ」とベイカー監督。結果、製作費を約10万ドルに抑えることもできた。

それにしても作品に映し出されたロサンゼルスの夕陽《ゆうひ》は鮮やかで、とてもスマホで撮ったとは思えない。赤みがかったオレンジ色を表すタンジェリンというタイトル通り、「あぁ毎日見ていたあの色だ」と懐かしくなるほどに再現されている。

これから多様性を描いた重要な作品がたくさん出てくる

トランスジェンダー俳優の起用は必須だと考えてきたベイカー監督ではあるが、「出演はものすごく勇気のいることだ」と理解している。「自分自身をさらけ出すことになるうえ、自ら経験した困難を追体験することにもなる。今作のラストシーンでは特に、彼女たちにとってはきわめてつらいことを強いている。でもそれがなぜ必要か、彼女たちは理解してくれた。本当にすごいことだと思うよ」

それが功を奏したのだろう、劇中のふたりの会話はとてもリアルに響いた。そう言うと、ベイカー監督は「共同脚本のクリス・バーゴッチと僕は、キキやマイヤ、その友人たちと長い時間を過ごし、彼女たちの話し方や話題について存分に吸収しようとした。脚本を彼女たちに確認してもらったうえで、現場で必要に応じて即興的に変えてもらったりもしたよ」。完成作品を見た同性愛者の友人からは、「この映画は同性愛者の感受性を表している」と言われたそうだ。「それがどんなものなのか僕には実際には理解しきれないところもあるけど、そうだとしたらとてもうれしいよね」

感想を寄せた友人をはじめ、ニューヨーク出身でロサンゼルス在住のベイカー監督にはLGBTの知り合いも多い。今回、非白人のトランスジェンダーの女性を主役に据えたのは、彼女たちがいかに苦労を余儀なくされるか見聞きしてきたためだ。「彼女たちは差別や抑圧に耐え、仕事も見つからず、結果的に娼婦やドラッグ取引の仕事に手を染めざるを得なくなったりする。なのにそうしたことはあまり語られてこず、映画で探求すべきだと思った。特に今の米国は、後ろ向きな保守化が進んでいるからね」

後ろ向きな保守化どころか、トランプ米大統領は就任するや、一部の移民や難民の締め出しに早くも躍起になり、マイノリティーとされる人たちがそれぞれ不安や恐怖を抱いている。トランスジェンダーを描いた監督として、どう感じているのか。

「僕たちは今、恐ろしくておかしな時代に生きている。パニックの時代だ。これから不穏でひどい4年間になるだろうし、LGBTの人たちの将来をとてもとても案じている。トランプが正式な大統領となった今できることは、どんな形であっても人権侵害がなされないか監視することだ。幸い、映画界は多くの人たちがリベラルな考え方を持ち、LGBTの人たちに共感している。アーティストたちは今こそ語るべき物語を語り、注意を払われるべき問題や個人に関心が高まるようにしていかなければならない」

トランプ就任に伴い、一般の人たちにもいわば「このぐらいの差別的発言は許されるんだ」といった雰囲気が広がり、差別的な事件や発言が各地で目立つようになってきた。そうした反動的雰囲気が、映画界でも起きたりしてはいないだろうか。そう聞くと、ベイカー監督は言った。「トランプ登場によって逆に、白人シスジェンダー男性の特権層にとどまらない、多様性を描いた作品を作ろうという気運が高まっている。トランプの任期中の4年間は、それに対峙《たいじ》して戦う重要な作品がたくさん出てくることだろう。話題の『ムーンライト』（2016年）が出てきたのも、アンチ多様性の動きを意識してのことだと思う」。『ムーンライト』はマイアミのすさんだ地域に住む黒人少年の成長を軸にいじめや同性愛、ドラッグを描いてアカデミー賞で作品賞など3冠に輝いた。

米大統領選で米映画界は民主党のクリントンあるいはサンダースを支持する人たちが目立ち、トランプ当選には多くが呆然《ぼうぜん》とした。それは逆に、米国で取り残されたと感じてきた中間層や貧困層の声にハリウッドが真に耳を傾けてこなかった表れとも言える。

「オバマにも取り残されたと感じ、クリントンも信用できず、何らかの変化を求める人たちが存在し、絶望的になってきたことを、映画界の特権層や、少しばかり金のある人たちは念頭においてこなかった。特にハリウッド大手スタジオの作品は、そうした声を代弁してこなかった。映画界はまず彼らについて、その窮状をただ描くのではなく、彼らの日常や希望、夢といった誰しも共通のテーマを通して描くことから始めなければならないと思う」

ベイカー監督はニューヨーク大学で映画を学び、2013年には監督・脚本・製作の『チワワは見ていた　ポルノ女優と未亡人の秘密』（2012年）で米インディペンデント・スピリット賞のロバート・アルトマン賞を受賞したインディペンデント映画界の注目株だ。次回作『The Florida Project（原題）』はウィレム・デフォーを主演に、いわば取り残された層と言える白人家族に焦点を当てる。

「この作品は、トランプ就任後にますます大事な意味を持つようになると思う」とベイカー監督。そうしてインタビューの最後に、マシュー・ブロデリックを主演にヒットした故ジョン・ヒューズ監督の青春コメディ『フェリスはある朝突然に』（1986年）を挙げて言った。「こんな映画をいつか撮ってみたい。シカゴのリッチな（白人）家庭ではなく、低所得者層の地域の少年を主役にする形でね」

世界一スタイリッシュなホームレス

『ホームレス　ニューヨークと寝た男』

世間を欺きながらのビルの屋上生活

夢を追った末なのか、格差社会への抗《あらが》いか——。「世界一スタイリッシュなホームレス」と呼ばれた米国人マーク・レイを追ったドキュメンタリー『ホームレス　ニューヨークと寝た男』（原題 Homme Less）（2014年）は、見る人によっては反応も違うかもしれない。だが彼が、生きづらい今の世をある意味で体現した存在なのは確かだ。公開を前に来日した彼に、東京でインタビューした。

マーク・レイはニューヨークの街角で女性たちのスナップ写真を撮っては雑誌に売り込むストリート・フォトグラファー（写真家）。ファッションショーなどでもカメラを構える。かつてはショーのランウェイも歩いた身長188センチの元モデルとして俳優のオーディションにも臨み、エキストラ出演を重ねる。夜は時々、少しいい店で食べたり飲んだりも。業界のパーティーにも顔を出して友人との会話を楽しみ、女性にも囲まれる。

だが帰り着くのは、ビルの屋上。寝袋や作業用シートにくるまって寝て、ペットボトルをトイレ代わりにして暮らしてきた。ひげそりや歯磨きは公園のトイレで。バーで飲む際も、時にこっそり持ち込んだワインを空いたグラスに注いだりするのは秘密の「節約」だ。仕事に必須のカメラやパソコン、ブランド物のスーツやこざっぱりしたシャツなどは、会員契約を続けるジムのロッカーに預けている。そこでシャワーを浴び、ロッカールームでアイロンを使って服を整え、買ってきた惣菜《そうざい》を食べることも。いぶかる誰かに声をかけられると、ジョークでかわす。

まるで世間を欺くかのように2014年までホームレス状態を続けたマークを、このドキュメンタリーは活写している。クリント・イーストウッド監督の息子カイル・イーストウッドが書きおろしたジャズ楽曲が、マークの「虚構」に彩りを添える。

マークは定期的に、子どもたちの貧困に取り組む慈善団体でボランティア活動もしているという。「僕に住む場所がないなんて誰も気づかなかったよ。一見、金のありそうな男に見えるからね。本当は何もないのに」とマークは言う。

俳優として人気テレビシリーズ『セックス・アンド・ザ・シティ』（1998〜2004年）にも出演したことがあると聞き、シーズン1第5話をあらためて見たら、サラ・ジェシカ・パーカー演じる主役キャリー・ブラッドショーの友人の金持ちな恋人役として出ていた。最近では映画『メン・イン・ブラック3』（2012年）にも、米連邦捜査局（FBI）捜査官役としてちょっぴり登場。マーティン・スコセッシ監督が手がけたシャネルの香水のドラマ仕立てのCMにも、おしゃれな風貌の記者役として1秒ほど画面に映っている。ちょい役が多いとはいえ、お金や地位のある役柄が大半なのは皮肉だが、彼が普段、あえてそうした雰囲気を醸し出してきた表れだろう。

やりたい仕事に情熱を注ぐための選択

なぜホームレスになったのでしょう？　そう聞くと、「お金がなかったからだよ」と身もふたもない答えを返しつつ、「ホームレスではなく、都会のキャンパーと自称している」と言い、屋上暮らしに踏み切った偶然のきっかけについて語り始めた。

2008年のことだ。南仏のリゾート地サントロペで写真家として仕事をしようとするもうまくいかず、「貯金に手をつけるはめに」なった。ニューヨークに戻り、英ファッション誌デイズド&コンフューズド（現デイズド）向けにNYコレクションで撮影。著名ファッションデザイナー、ダイアン・フォン・ファステンバーグのNYコレクションの舞台裏を撮影する仕事も請け負ったりしていた。

当時は割安なホステルに泊まる少しの余裕はあったが、次第に資金がほぼ底をついた。そこへ米国の安宿名物とも言えるベッドバグ、いわゆるトコジラミにかまれる。トコジラミはいったん被害に遭うと、持ち物も含めた殺虫に時間がかかる。「誰にも移さないよう、家族にも友人にもしばらく会いに行けない状態になった」。思案したマークは、「不在の時には部屋を使っていいよ」と友人からアパートのカギを渡されていたのを思い出した。そのカギを使ってビル内へ入り、屋上へ。「友人の部屋にこそ行かなかったけれど、友人が意図しない使い方をしたわけだから、罪悪感を覚えたよ」

それでも当初は、トコジラミを一掃するための短期滞在ぐらいのつもりだった。だが折悪《おりあ》しく、リーマン・ショックが起きる。仕事を得るのはますます難しくなり、街はホームレスとなった人たちであふれた。「そうして結局、屋上暮らしは6年にわたってしまった。欧州あたりでキャンプしてみたいと思ったことはあるけど、まさかニューヨークで野宿することになるとは思わなかったよ」

屋上ではいつも、たとえば作業員に出くわさないかひやひやして過ごした。建物を出入りする際に住人とすれ違うと「やぁ！」と声をかけ、まるで自身も住人か訪問者であるかのようにふるまった。服装は常にパリッとさせていたうえ、「なるべく携帯電話を手にして歩くようにした。出くわした人に多くを話しかけられないよう、通話しているように見せかけたりね」。

さすが役者というか。

真冬の極寒のニューヨークも、冬用の服を着込んで作業用シートにくるまって乗り切った。風が強まりがちな屋上は、地上で寝るよりも寒く感じたことだろう。だが平均して月1200ドル強のマークの収入では、税金や医療保険料、仕事に必要な携帯電話代や交際費、ジムの会費などを差し引くと、世界的にも高水準のニューヨークの賃料はまかなえなかったという。

俳優をめざしてニューヨークに移り住んだ1995年から2003年までは、マンハッタンのチェルシー地区西部で賃料月175ドルのアパートに住んでいた。バスルームも台所もない十数平方メートルほどの小さなワンルームながら、「手ごろだったし、悪くなかった」。だが2003年、賃料が300ドルと2倍近くに。かつては倉庫街だったチェルシー地区が、アートギャラリーのあふれる人気地区となったためだ。急な負担増を受け入れられなかったマークは、立ち退き料をもらって退去した。そのアパートも、今はない。その後もニューヨークの賃料水準が高騰を続けたのは周知の通りだ。

「昔はケータリングの仕事もしていた。それはお金になったけれど、非常にストレスがたまる仕事で、怒りを覚えることも多かった。屋上で暮らすことで自分を犠牲にし、代わりに自由を得た。家のために好きじゃない仕事をするのではなく、やりたい仕事に情熱を注ぐためのもうひとつの暮らし方をした、ということなんだ」

ニューヨーク都心のマンハッタン住まいにこだわるのも、写真家や俳優としての仕事をあきらめたくないあまり、業界の人たちと会いやすい利便性を優先させたためでもある。ただ、マークがそんな風に何でもないことのように語る一方で、映画は彼の苦悩の表情や涙をも映し出していた。そりゃ本当は、泣きたくなるよね。

トランプは助けてくれるのか

一連の暮らしが映画になったのは2010年、かつてのモデル仲間だったオーストリア人の友人トーマス・ヴィルテンゾーンと再会したのがきっかけだ。屋上暮らしについてトーマスに打ち明けると、「それ、ドキュメンタリーにしようよ」と持ちかけられた。

トーマスはそれまで長編を撮ったことがなかっただけに、「完成にこぎつけるかどうか7割ぐらい疑っていたし、誰かの目に触れることになろうとは思いもよらなかった。だって彼がそれ以前に撮った最長作品は約30秒のコマーシャル映像だからね」とマークは笑う。それが無事完成、2014年のニューヨーク・ドキュメンタリー映画祭でメトロポリス・コンペティションの審査員賞を受賞し、世界各地で上映されることになったのだから、トーマスにとっても飛躍の作品だ。「金も経験もないふたりの男の映画が世界中で称賛され、たくさんの手紙をもらった。想像もしなかったし、驚きだよ」とマークは言う。

カイル・イーストウッドが映画のサウンドトラックを手がけることになったのも思わぬ展開だった。「ハリウッドの大作を手がける父を持つ彼が、友人の紹介でトーマスの編集映像を見て、『全スコアを書かせてほしい』と言ってくれたんだ。この映画を信じてくれたということだね」

屋上暮らしは2014年、カギが突如使えなくなってアパートの建物に入れなくなったことで終わりを告げた。撮影はキヤノンの小さな一眼レフカメラで進められたが、それでも撮っているうちに「家主が気づいたのかもしれない」とマーク。カギを借りていた友人からは怒られるかと覚悟したが、俳優である友人は苦労を察してか、「映画の成功を祈っているよ。見るのが楽しみだ」と言って理解を示してくれたそうだ。その後は、インテリアデザイナーをしている長年の友人の部屋の一部を格安で間借りし、ついに賃貸暮らしに。「冬に暖をとり、夏は涼しく過ごせるのは、やっぱり、ありがたいことだね」

賃料水準の高い世界の都市部では、「仕事はあってもホームレス」という人は多く、その数は増えていると報じられている。「ホームレスは、ドラッグや犯罪の問題を抱えている人たちばかりではない。ニューヨークはそれだけ、暮らすのが大変。この映画は、単に写真家で居続けたいがためにホームレスとなったおかしな男の話ではない。どんな人でも、仕事が減り、お金がなくなったらどうなるか?ということだ。私の状況に共感してくれる人も多いことと思う」

とある映画祭で上映した時、マークに会えるまで待ち続けていた20代の青年が、「僕にも同じような不安があります」と泣きながら自身の窮状を語ったそうだ。「彼の個別の問題に答えることはできないけれど、『君はひとりじゃないよ』と僕は声をかけた。それがまた、助けになるかもしれないから」と、マークは自身を重ねるように言った。

そんな風に住む場所にも困った人たちの多くが、トランプ大統領就任を後押ししたわけですよね――。そう言うと、マークは「その通り。僕はクリントンに投票したけど、多くの人たちは『トランプこそが助けてくれる』と思ったのだろう。でもオバマが実施した医療保険制度改革（オバマケア）を撤廃したらどうなるか、っていうことだよ。トランプは『アメリカ・ファースト（米国第一主義）』を言うばかりで、ホームレス対策を口にしたことがあるだろうか。米国人は総じて、多くを知らずにいるんだと思う」。

マークの夢は「エキストラではない役で映画に出演し、いつか自分で映画を撮ること」だそうだ。日本で俳優やモデルとして働こうと「就職活動」も進め、そのための資金を２０１７年2月上旬まで、クラウドファンディングで募集した。出資金に応じて、マークとのディナーや英会話レッスン、１日観光、彼を広告モデルに起用する権利などがついてくるというもので、83人から77万７８３３円が集まった。

「トランプの世界」で人々が飛びついた夢物語

『ラ・ラ・ランド』

賞レースを席巻、興行的にも大ヒット

アメリカン・ドリームや恋愛を盛り込んだ現代のミュージカル映画を、米国の批評家も一般の観客もこれだけ称賛しているのは、「トランプの世界」からの現実逃避か、「白人の夢」を再び見たい人たちの熱狂なのか。米国でヒットし、賞レースも席巻した『ラ・ラ・ランド』（原題 La La Land）（2016年）。来日した監督・脚本のデイミアン・チャゼルと主演ライアン・ゴズリングに、記者会見で質問した。

舞台はハリウッドを擁するロサンゼルス。映画スタジオのカフェで働くミア（エマ・ストーン）は俳優をめざしてオーディションを受け続けるが、箸にも棒にもかからない。ある日、いつか自分の店を持って好きなジャズを存分に弾きたいと夢見るピアニスト、セブ（ライアン・ゴズリング）と出会い、恋に落ちる。互いにそれぞれの夢を応援し合うが、セブが開店資金を

稼ぐために入ったキース（ジョン・レジェンド）のバンドで、ジャズとはほど遠い売れ線の曲ばかり手がけて人気を得ていく一方、ミアが独力で公演したひとり舞台が酷評され、ふたりに溝が生まれていく――。

チャゼル監督といえば、監督・脚本として長編2作目となる『セッション』（2014年）が米サンダンス映画祭でグランプリと観客賞をダブル受賞して話題となり、2015年のアカデミー賞では5部門にノミネート、3部門で受賞。名門音大の鬼教師を熱演したJ・K・シモンズに、初のオスカーとなる助演男優賞をもたらした。次々と繰り出されるビッグバンドのジャズに負けないテンポよいストーリー展開に魅せられ、学生時代にスポ根的カルチャーのある吹奏楽部にいた私には「あるある」感もあって、何度も見たなぁ。

そのチャゼル監督。今作のミュージカル仕立ての『ラ・ラ・ランド』は、彼が『セッション』に取り組む以前から構想をあたためてきた。そうして『セッション』以上に賞レースを席巻。2017年1月にはゴールデン・グローブ賞でノミネートされた7部門においてすべて受賞、史上最多を記録した。同年2月に授賞式が開かれたアカデミー賞では、13部門14件でノミネート（歌曲部門で2曲）。ノミネート数としては作品賞など史上最多11冠の『タイタニック』（1997年）、同6冠の『イヴの総て』（1950年）に並ぶ過去最多で、最終的に監督賞や主演女優賞など6冠に輝いた。

しかも、米映画興行収入データベースサイト「ボックス・オフィス・モジョ」などによると、全米での上映館数が数十～数百にとどまった『セッション』と違い、『ラ・ラ・ランド』は上映館数が一時は数千規模にまで増え、２０１６年の興行収入は、リメイクや続編でもない、既存のコミックや実在の人物などにも基づかないオリジナルの実写映画としては1位となった。

「トランプの世界」を忘れられる2時間

社会現象にもなった『タイタニック』や、往年の名画『イヴの総て』とアカデミー賞ノミネーションでタイ記録とは!?　ミュージカル映画の古典『雨に唄えば』（1952年）など数々のオマージュに満ちた現代のミュージカル映画が、トランプ旋風が吹き荒れる米国でこれだけブームになった意味合いを、私としてはやや測りかねるところがあった。

来日記者会見で、チャゼル監督とライアンに質問した。

今作が興行的成功も主要賞での評価も両方実現しているのは、なぜなのでしょう。この不安と不寛容の時代に、米国人が癒しを求めようとしている表れなのでしょうか。

チャゼル監督は答えた。「まさにそのことについて、ライアンと話していた。観客は、ライアンも僕も予想しなかった形で今作に夢中になってくれている。ミュージカルからは、うっとりした感じが生み出される。そうして得られる喜びや楽観的な感じは、ほかにはないもの。それでいて僕たちは、誠実で現実的なストーリーを紡ぐのを第一に努めてきた。ミュージカルをとりいれながら、リアリティあるものにしようとした組み合わせがうまく作用していることを願う」

そうして彼はさらに、こう分析してみせた。「『かなう夢があれば、かなわない夢もある』。もしかすると今作のこの要素が、人々に訴えたのかもしれない」

アメリカン・ドリームが、米国人の誰もが実現可能な夢としてとらえられたのも今は昔。社会的流動性が減り、格差を縮めるのが難しくなってきた今、夢をかなえるなど簡単ではないことを、米国人の多くはすでに実感している。その現実を踏まえながら、それでもかなう夢がある、という筋書きに米国の人たちは引き寄せられたということか。

隣のライアンが後を継いだ。「デイミアンと僕は当初、よくこう話していた。『スマートフォンではなく映画館に足を運んで見たい、かつ映画体験を共有したい人と一緒に見たいと思うような映画を作れれば最高じゃない?』と。映画館の大スクリーンでしかできない体験を作り出そう、と僕たちはとても意識した。つまり、僕たちは観客を念頭に置いて映画を作った。その効果を感じることができて、とてもすばらしい」

ロサンゼルス在住の英紙ガーディアンの映画記者ジョン・パターソンが記事で、今作についてこう表現していた。「米大統領選以来、『トランプの世界』について忘れることのできる唯一の2時間だった」と。ミュージカル仕立ての美しさに、現実逃避への道を見いだそうとしたのは彼だけではないだろう。

「古きよき白人のアメリカ」のわかりやすい例か

アカデミー賞は2016年、演技部門でノミネートされた男女の俳優20人がすべて白人だったことで、映画界の内外から批判を浴びた。賞を選考・授与する米映画芸術科学アカデミーはアフリカ系の会長シェリル・ブーン・アイザックスのもと、投票会員の多様性を少しずつながら広げてきた。そうして2017年の演技部門ノミネートは、20人中アフリカ系が6人と過去最多、さらにひとりがインド系英国人と一気に多様化した。

だが『ラ・ラ・ランド』はまるでその流れとは一線を画すかのように、いずれも白人のライアンとエマがそれぞれ主演男優賞と主演女優賞にノミネートされた。米紙ニューヨーク・タイムズは、「(多様性の動きから)隔絶された映画」「ハリウッドの外の現実世界の問題に目をつぶり、かつ変わろうとするハリウッド内部の動きをも見過ごしている」と書いた。

カナダ紙ナショナル・ポストが運営するブログ「フル・コメント」で、元BBCの批評家ロバート・クッシュマンがこう論じていたのが印象的だった。「この映画は、米大統領選で二分された双方に称賛されている。反トランプ派は、『ともかく今はこういうものが必要』として癒しや楽しみを求める症候群になっている。トランプ支持者としては、（トランプが掲げた）『アメリカを再び偉大にする』を表すわかりやすい例として語ることができる」

なるほど、「白人のアメリカ」を取り戻したい人たちにとっては、白人がより中心的地位を占めていた古きよきハリウッド映画のオマージュに満ちた、かなうにしてもかなわないにしても「白人の夢」をめぐる筋書きに飛びついた面もあるのかもしれない。

もっとも、だとしても、ハーバード大学の学生時代から洋の東西を問わず世界中の映画に接し、自分が本当に作りたい映画を作るためコツコツ取り組んできたチャゼル監督や、カナダ出身のライアンたち自身は、そんな側面がありうるとは想像もしていなかったことと思うが。

記者会見でチャゼル監督は「今作には無意識ながら、大好きなミュージカルや、昔や最近の映画のオマージュがたくさんある」と言って、故・鈴木清順監督の『東京流れ者』（1966年）をはじめとする作品群を挙げた。2017年2月13日に死去した鈴木監督の『東京流れ者』は、渡哲也と竹越ひろ子が競作で出した歌謡曲をモチーフにした作品だ。

チャゼル監督は「まったく意識していなかったけれど、日本で昨夜ある人と話していて、これも隠れたオマージュになっているのだと気づかされた。鈴木監督の超ワイド画面での撮影や、ポップアートのような色合いは、僕にはミュージカルのように感じられる。少なくとも米国ではまだ誰も気づかないと思うけれど」。

たしかに、今作が「白人のアメリカ」の体現だと思う人がいたとしたら、彼らには予想もつかない「隠れたオマージュ」だろう。

トランプ政権への期待

オリバー・ストーン(映画監督)

クリントンが勝っていたら危険だった

政権批判の映画を世に出し続けてきた米アカデミー賞監督が「トランプ大統領もあながち悪くない」と意外な「評価」をしている。かつてはトランプに手厳しい発言もしていたオリバー・ストーン監督に、真意を聞いた。

――米大統領選の結果はショックだったと米メディアに語っていましたが、ツイッターで「トランプをよい方向にとらえよう」とも書いていました。

ヒラリー・クリントンが勝っていれば危険だったと感じていました。彼女は本来の意味でのリベラルではないのです。米国による新世界秩序を欲し、そのためには他国の体制を変えるのがよいと信じていると思います。ロシアを敵視し、非常に攻撃的。彼女が大統領になっていたら世界中で戦争や爆撃が増え、軍事費の浪費に陥っていたでしょう。第3次大戦の可能性さえあったと考えます。

米国はこうした政策を変える必要があります。トランプは「アメリカ・ファースト（米国第一主義）」を掲げ、他国の悪をやっつけに行こうなどと言いません。妙なことではありますが、この結果、政策を変えるべきだと考える人たちに近くなっています。

オリバー・ストーン

――トランプ政権下で、米国の介入主義は終わりを迎えると？

そう願っています。米軍を撤退させて介入主義が弱まり、自国経済を機能させてインフラを改善させるならすばらしいことです。これまで米国は自国経済に対処せず、多くが貧困層です。自国民を大事にしていません。ある面では自由放任主義かと思えば、別の面では規制が過剰です。トランプもそう指摘しており、その点でも彼に賛成です。

トランプはまともではないことも言います。かつてないくらいに雇用を増やすなんて、どうやったら成し遂げられるのか私にはわからない。だがものすごい誇張だとしても、そこからよい部分を見いださねばなりません。少なくとも米国には新鮮なスタイルです。

彼は、イラク戦争は膨大な資産の無駄だった、と明確に語っています。正しい意見です。第2次大戦以降すべての戦争がそうです。ベトナム戦争はとてつもない無駄でした。けれども、明らかに大手メディアはトランプを妨害したがっており、これには反対します。トランプがプラスの変化を起こせるように応援しようじゃありませんか。

――プラスの変化とは？

たとえばロシアや中国、中東、ＩＳ（過激派組織「イスラム国」）への新政策です。テロと戦うためロシアと協調したいと発言しており、これは正しい考えです。

――ロシアが米国にサイバー攻撃したとされる問題について、監督は疑義を呈していますね。

米国の情報機関について私はきわめて懐疑的です。米中央情報局（CIA）は長年、多くの間違いを犯してきました。キューバのピッグス湾事件やベトナム戦争、イラクの大量破壊兵器問題です。米国は世界をコントロールしたがり、他国の主権を認めたがらず、多くの国家を転覆させてきました。そんな情報機関をけなしているトランプに賛成です。だが、そうしたことは社会で広く語られません。米国社会のリーダー層と反対の立場となるからです。

――リベラル派が多いハリウッドは反トランプが目立ちます。

そのリベラルと呼ばれてきた人たちが、ものすごい介入主義者と化しています。リベラルと言われるクリントンを見ればわかります。民主党は中道右派となり、左派を真に代表していません。

米国から出資が得られなかった『スノーデン』

――米政府による個人情報の大量収集・監視を暴露したCIA元職員エドワード・スノーデンを描いた新作映画『スノーデン』を撮ったのはなぜでしょうか。

私は、いつも時代に合わせて映画を作っています。2013年にスノーデンの暴露を知り、衝撃を受けました。米国が監視国家だという疑いが確信になりました。スノーデンの弁護士の招きでモスクワに行って以来、彼と9回会って話を聞いたのです。

映画はスノーデンの証言に基づいて作っています。彼が2009年に横田基地内で勤務していた頃、日本国民を監視したがった米国が、日本側に協力を断られたものの監視を実行した場面も描きました。スノーデンは、日本が米国の利益に反して同盟国でなくなった場合に備えて、日本のインフラに悪意のあるソフトウェアを仕込んだ、とも述懐しています。これは戦争行為でしょう。あくまで彼が語る話であり、確認をとろうにも米国家安全保障局（NSA）側と話すことは認められませんでした。でも、私は経験上、彼は事実を話していると思っています。米情報機関は映画の内容を否定するでしょう。米大手メディアも取り合いません。でも、そこから離れて考えてほしいと思います。

――米議会は昨年、スノーデンがロシアの情報機関と接触しているとの報告書を出しました。

まったくの戯言《たわごと》。動機も見当たりません。彼は米国の情報活動が米国の安全保障に役立つ形で改善されることを願っています。彼はまず、ジャーナリストに情報を提供したし、今も表だって理想主義的な発言を続けています。スパイがやることではないでしょう。

スノーデンはモスクワに行きましたが、経由するだけでロシアに滞在するためではなかった。空港でロシアの情報機関の職員から「私たちに出せる情報はないか」と言われ、「ノー」と答えたそうです。彼は出国したがっていました。南米諸国からは受け入れの申し出もあったようですが、米政府の手が及び、安全が確保できそうにありません。結果としてロシアが最も安全だとなったのです。

――トランプも米大統領に就任後は、CIAの影響で反ロシアに陥るかもしれない、と懸念しているそうですね。

彼がそうなる可能性はあるでしょう。でもトランプはビジネスマン。貿易を好む限り、ビジネスマンは戦争をよしとしません。

――トランプ政権下でスノーデンはどうなるでしょう。

トランプはスノーデンを非難しましたが、大統領に就任後、米国の情報機関がいかに堕落したものかを知れば、違った感情を持つようになるかもしれません。ニクソン元大統領は訪中し、レーガン元大統領はゴルバチョフ旧ソ連共産党書記長と会談しました。トランプも変わりうるでしょう。彼が情報機関の本質を知るにつれ、内部告発者寄りになっていく可能性があります。ウィキリークスに情報を提供したマニング上等兵も減刑となったし、スノーデンにもいずれ寛大な措置がなされることを願っています。

——映画『スノーデン』の製作にあたっては、米国からは出資が一切得られなかったそうですね。

米国のどの映画スタジオにも断られ、大変でした。彼らの多くは政府と関係があり、政府の何かを踏んでしまうのを恐れて自主規制したのだと思います。製作にはとても困難を伴い、なんとか配給会社は見つかりましたが、小さな会社です。

——かつて、監督は映画『JFK』（1991年）などで、米大手スタジオ、ワーナー・ブラザースとよく連携していました。

今回、ワーナーにも断られました。米国がテロとの戦いを宣告した2001年以降、米国に批判的な映画を作るのが難しくなり、そうした映画がどんどん減っています。米軍が過剰に支持・称賛されたり、CIAがヒーローに仕立てられたりする映画やテレビシリーズが目立ちます。非常に腹立たしいことです。

――今回は結局、どうやって資金を集めたのでしょう。

少額資金を集めながら悪戦苦闘。フランスとドイツからの出資が支えとなりました。欧州議会が欧州連合（EU）加盟国にスノーデンの保護を求める決議をするなど、欧州は彼に耳を傾けています。2度の大戦を経た欧州は国家による監視を好まず、その危険性も理解しています。英国は例外ですけれど。

――そうした状況下、今後も映画製作を続けられますか。

わかりません。今はプーチン・ロシア大統領についてのドキュメンタリー映画を仕上げているのですが、（商業映画としては）『スノーデン』が私の最後の作品になるかもしれません。米国では映画製作への協力を得にくくなっているためです。仮に作るとしても、たぶん国外で製作することになるでしょう。

——トランプは、彼を批判した俳優メリル・ストリープをツイッターで罵倒しました。今後、米映画業界は萎縮していくのでしょうか。

そうなるかもしれません。ただ、私はハリウッドの政治とは一線を画しています。時に嫌われることもありますが、これまで同様、私は発言し続けます。

今のハリウッドはすべてが政府寄り

——『スノーデン』の製作では、資金集めに苦労したことに加えて、NSAによる監視にもかなり気を配ったそうですね。

私たちは非常に用心しなければなりませんでした。合法的に映画を作っていただけなのですが、脚本をはじめ、あらゆるものをネットに上げず、できるだけ暗号化し、断片ごとに撮影しました。（NSAのほか）ハッカーが金もうけのため脚本を入手しようとする可能性もあったためです。エドワード・スノーデンに関してハッキングできれば、確実に大きな話ですからね。

公開前も映画がハッキングされて出回ったりしないかと心配だったので、関係者にあまり見せず、見せる際には断片的にしました。

――映画はスノーデンが軍やNSAなどをいかに支えてきたかも描いています。

自分がしていることが米国あるいは世界の人々の安全保障の利益になっていないと気づくまで、彼は全力で支えてきました。

彼も繰り返し言い、映画にも出てきますが、（テロなどに）関与した疑いのある人物や集団、その知人や家族らに対象を絞った監視には大義があります。それは避けて通れないことですし、とても効果的で、いいと思います。裁判所も同意しています。ですが、米国がしている大量監視では、あらゆる情報が集められます。そうした情報を周辺にリークすることで、他国の政権転覆や騒乱に用いられたりするわけです。米国の介入主義はとどまるところを知りません。

2001年の9・11同時多発テロ以降、おびただしい予算を情報機関に費やしてきましたが、テロリストをさらに増やす結果となり、私たちはますます安全でなくなりました。情報機関は安全をもたらしていません。だから「安全保障か個人の自由か」という問いの立て方は間違った方程式なのです。

──エリック・ホルダー元司法長官は2016年、「スノーデンは公共の利益のため行動した」と語りました。

彼が公職を退いてからのことです。それは悲しいことではないでしょうか。米国は膠着《こうちゃく》状態にあります。政策を容易に変えられず、テロと戦う立場を続けるがために、強固な軍事国家となっています。

──米通信大手AT&Tがメディア大手タイム・ワーナー買収を発表しました。これが表現の自由の終わりにつながる、と懸念しているそうですね。

タイム・ワーナー傘下のワーナー・ブラザースとは主に1990年代、一緒に仕事をしましたが、当時の彼らは本当にリベラルでした。映画がヒットする限りにおいてではありますが。ですが、2001年以降は、変質しました。今のハリウッドはあらゆることが政府寄りです。さらに、スノーデンが明らかにしたように、AT&Tは政府とべったりです。米政府の通信傍受について、AT&Tはモンスター級の協力者です。それがワーナーを買収しようとしています。私たちは企業の影響下で生きることとなります。米国はメガ級の帝国になってきています。

――トランプはこの買収を「巨大権力の集中」と批判しています。

彼がどうしようとしているかはわかりません。だが、彼の言うことは正しいと思います。

第二部

人種・性《ジェンダー》・マネーのリアル

スカートをやめたディズニーヒロイン
『アリス・イン・ワンダーランド／時間の旅』

パンツスタイルのアリス

女性の主役は、きらびやかなドレスを着た愛されキャラ。それがディズニー映画の定番だったが、ウォルト・ディズニー・ピクチャーズ製作『アリス・イン・ワンダーランド／時間の旅』（原題 Alice Through the Looking Glass）（2016年）は違った。主人公アリスは、スカートを一度もはかないのだ。

この作品は、世界でヒットしたティム・バートン監督『アリス・イン・ワンダーランド』（原題 Alice in Wonderland）（2010年）の続編だ。

前作は英国人ルイス・キャロルによる児童文学の古典『不思議の国のアリス』（1865年）をもとに、19歳になったその後のアリスを描いた実写版。アリス役に、中性的な雰囲気のあるミア・ワシコウスカが起用され、ジョニー・デップ演じる帽子屋マッドハッターや、コンピューターグラフィックス（CG）による白うさぎや青い芋虫、チェシャ猫などと、不思議の国を救うため奔走する。

今作はキャロルの続編『鏡の国のアリス』（1871年）に想を得た、さらなる後日談だ。「原作本は大好きだが、そのまま映画化するにはシュール。原作の精神を参考にしてその要素をとりいれながら違う物語とした」。来日したジェームズ・ボビン監督は記者会見で語った。

だからこそ、こんなに凜《りん》とした、見たことのないアリスが生まれたということか。

アリスと言えば原作以上に、故ウォルト・ディズニー製作のアニメ『ふしぎの国のアリス』（1951年）の印象が強い。裾が広がったライトブルーのひざ下ドレスに白エプロン、ふわりとした金髪に黒いリボンカチューシャをつけた「愛らしいアリス」は、ディズニーランドのショーやグッズでもおなじみだ。白うさぎを追いかけて穴に落ちる、好奇心いっぱいのキャラではあるが、アニメのアリスは体が大きくなっては泣くし、ハートの女王の攻撃からはひたすら逃げていた。

実写版アリスは、泣かない。前作ではのっけから、貴族の御曹司の求婚に背を向ける。ハートの女王改め「赤の女王」（ヘレナ・ボナム・カーター）が放つ怪物にはよろいと剣で相対した。とはいえ、物語の多くの場面では、ドレスの裾を地面にひきずる。体が大きくなったり小さくなったりするたび、ドレスの着せ替えが続く。いたるところで走り回らなきゃならないの

ミア・ワシコウスカ

に。

今作のアリスは徹頭徹尾、パンツスタイルだ。亡き父から受け継いだ貿易船の船長としての中国航海の帰り、荒波にもまれながら海賊をかわす冒頭の場面からして、勇ましい船乗りのいでたち。その後、前半70分ほどまで身につけている、中国の皇太后から贈られたという衣装も、華やかながら動きやすいパンツになっている。

後半はヴィクトリア朝風の、これまたパンツスタイルだ。服装だけでなく、アリス自身が19世紀のロンドンでは珍しいキャリアウーマンとして、前作よりたくましく、頑固で、決断も早い。わかりやすい「愛されキャラ」からはほど遠くなっている。ジョニー・デップのマッドハッターの気弱さが際立つほどだ。

アリス役のミアは、来日記者会見で言った。「今作のアリスはいろんな経験を重ねて自信をつけ、船長という仕事を愛している。前作以来、この仕事についていろいろ学んできた私自身、アリスの道のりとも重なる」

「強いアリス」を勝ち取る闘い

ディズニー映画で女性キャラが「女の子らしい」衣装をまといがちなのは、「その方がグッズも含めて売りやすいからだ」と見る向きは多い。それは長年、「女性のイメージを狭めるステレオタイプ」という批判の的にもなってきた。そんなディズニーが、本作で強い女性キャラの登用に踏み切ったのは、製作する側に身を置く女性たちが内側で闘ってきた結果にも見える。

1989年のアニメ映画『リトル・マーメイド』を、原作にはない「王子との結婚」で締めくくって批判されたディズニーは、1991年の『美女と野獣』でディズニー長編アニメ初の女性脚本家を起用した。その人が、『アリス』2作の脚本を書いたリンダ・ウールヴァートン。『美女と野獣』の主人公ベルを「読書好きで自立した女性」として描いて人気を呼び、アニメ映画として初めてアカデミー作品賞にノミネート、ゴールデン・グローブ作品賞（ミュージカル・コメディー部門）を受賞し、ディズニー第2黄金期の代表作となった。この時大学生だった私も、何度か見るほどハマった。

「読書好き」の設定はウールヴァートンの強い抵抗のたまものだったことを、『アリス・イン・ワンダーランド／時間の旅』の米国公開直前、彼女自身が米誌タイムの取材で明かしている。ディズニー側は当初、ベルがケーキ作りにいそしむ場面の挿入を主張したが、ウールヴァートンが何度も何度も訴えて、本を熱心に読む場面への変更を勝ち取ったそうだ。「これまでにない役柄の女性を描けば、若い世代にそういうものだと受け継がれていく。ベルを生み出して以来、そうした責任をものすごく感じてきた」。タイム誌にそう語ったウールヴァートンは、アリスでさらに強い女性像を掲げたわけだ。

ベルも最後は、きれいなドレスを身につけて王子と結ばれている。アカデミー長編アニメ賞受賞の『アナと雪の女王』（2013年）や、ディズニー傘下のピクサー・アニメーション・スタジオ製作『メリダとおそろしの森』（2012年）は、いずれも「結婚が人生のゴール」的な展開からは脱却したものの、主役は基本的にドレス姿。だからベルもメリダも『アナ雪』の女王エルサも、関連グッズとなると、いわゆるシンデレラと大差なく見えてしまう。

メリダに至っては一時、スタイル抜群で弓も持たない姫に改変した人形をディズニーが販売、共同監督・脚本のブレンダ・チャップマンから批判を受け、ネットで抗議の署名運動も起きて撤回した経緯がある。『アナ雪』が米国で公開された当時、ロサンゼルスに住んでいた私は、エルサの水色のドレスを着てはしゃぐ女の子たちを街で目にするたび、「ありのままの自分になる」エルサのメッセージも伝われば……と願った。

お姫さま人形を全否定するわけではないが、その文化にどっぷりつかって育った場合の影響に関する研究も続いている。米ブリガムヤング大学のサラ・M・コイン准教授は、ディズニー・プリンセスの人形や映像に接する就学前の子どもたちの変化に関する論文を発表した。コイン准教授に、新生アリスについてメールで質問した。すると、「パンツのプリンセスに異議なし。斬新ですね！」。

そんな装いを編み出した衣装デザイナーのコリーン・アトウッドは、ディズニーの公式インタビューにこう語っている。「伝統的なアリスとも、前作のアリスとも違う自然なスタイル。女性たちにとってワクワクするメッセージになると思います」

さて、観客たちはどう受け止めるのだろうか。ハリウッドの大作映画では、女性が主役となることが少ない。「強いアリス」の製作はさぞ難しかったのでは？　プロデューサー、スザンヌ・トッドに映画会社を通じて尋ねると、こんな答えが返ってきた。「強い女性が主役の映画を作るのはまだまだ非常に難しいけれど、（アリスのように）ヒットした映画の続編として作るのはわりと楽なんですよ。それでも、興行的に成功させるのは難しい」

米映画興行収入データベースサイト「ボックス・オフィス・モジョ」によると、約1億7000万ドルの製作費をかけたこの作品は、米国での公開後3日間の興行収入が約2700万ドルと予想を下回った。ディズニー配給担当トップのデーヴ・ホリスが「失望し、頭をかきむしりたくなる」と米誌バラエティに語ったほどだ。

こうした興行成績が、多様なディズニーヒロイン像を生み出そうという作り手の思いを阻まなければいいけれど。幸い、中国では公開最初の週末に興行収入トップだったそうだ。

映画を本物に思わせる魔法

世界的指揮者が語る映画音楽

映画音楽は20世紀のオペラ

好きな映画音楽は何？　そう聞かれたら、多くの人がひとつかふたつ、あるいはもっと挙げる人もいるだろう。中学・高校時代に吹奏楽部でフレンチホルンを吹いていた私は、その音色が美しい『バック・トゥ・ザ・フューチャー』シリーズや『インディ・ジョーンズ』シリーズのテーマ曲をよく練習した。でも私たちが今、当たり前のように聴いている映画の名テーマ曲は、険しい道のりをたどった末に生み出された。

そんなことに思い至ったのは、2016年7月、仏国立リヨン管弦楽団を率いて来日した世界的な指揮者レナード・スラットキンにインタビューしたからだ。

ロサンゼルス生まれの米国人スラットキンは、東京と大阪での2公演の演目を、映画『E.T.』（1982年）などのテーマ曲で名高いジョン・ウィリアムズ作曲の映画音楽だけで構成した。

映画音楽はクラシック界で軽く見られがちなだけに、欧州の名門オーケストラの外国公演としては珍しいことだという。

スラットキンに聞くと、こう言った。「私はよく、映画音楽をクラシックプログラムに組み込んでいますよ。映画音楽は20世紀のオペラだと表現する人もいる。音楽には『いい音楽か、そうでないか』の違いしかない」

スラットキンがそれだけ映画音楽を愛するのは、ウィリアムズと60年来の親しい友人だから、というだけではない。

スラットキンの父フェリックスは、米映画スタジオ大手、20世紀フォックスのオーケストラでコンサートマスターを務めたバイオリニストで、指揮者だった。母エレノアはスタジオ大手ワーナー・ブラザースのオーケストラの第一チェリストとして活躍。つまり両親とも映画を支えた音楽家だった。ハリウッド黄金期の１９３０～40年代は各スタジオに指折りの演奏家らが集結。夫妻は名高いハリウッド弦楽四重奏団も結成した。

１９４０年代後半になると、空気が一変する。ハリウッドを分断した「赤狩り」の嵐が吹き荒れたのだ。当時の米上院議員マッカーシーが旗を振るなか、下院非米活動委員会は影響力の大きい映画界をもターゲットにし、チャプリンをはじめ「共産主義的だ」とみなされた映画関係者らが片っ端から事実上追放された。映画にかかわる音楽家も例外ではなかった。

１９４４年生まれのスラットキンは、当時の様子を今も思い出す。

相次ぐスタジオ奏者の解雇に対抗し、両親はロサンゼルスの自宅で仲間たちとたびたび極秘の会合を持った。幼いスラットキンはそのたび両親に言われた。「誰かに尋ねられても『みんなトランプ遊びをしに来た』と言うんだよ、誰が来たとか、何を話していたとか、よその人に絶対言っちゃダメだよ」――。だが、業界内部からの密告も激しくなり、両親も次第に映画界と距離を置かざるを得なくなったという。赤狩りは１９５０年代に収束したが、父は１９６３年、47歳の若さで心臓発作で亡くなった。

スラットキンは語気を強めて言った。「ハリウッドに共産主義者がいたとして、何だっていうんだ？　いい映画やいい映画音楽を作るだけで、誰かを傷つけたりはしていない。当時の米国社会はおびえていた。いま世界中で起きていることと、同じだ」

その後も、すべての音楽家がそのまま映画界に戻ることはなかった。業界の経費削減策とも相まって、スタジオ奏者の数は往時の４割程度にまで減っていったはずだ、とスラットキンは言う。

最初の1音を聴いただけでわかるあの曲

さて、スラットキンが２０１６年の演目に選んだウィリアムズの足跡をおさらいしてみよう。

『スター・ウォーズ』シリーズに、『インディ・ジョーンズ』シリーズ、『ジョーズ』（1975年）、『スーパーマン』シリーズ、『ハリー・ポッター』シリーズに『ジュラシック・パーク』シリーズ……。「ジョン・ウィリアムズ」とだけ聞いてピンとこなかった方にも、これらのテーマ曲の作曲家といえば十分伝わることだろう。作曲部門をはじめアカデミー賞は5回受賞、ノミネーションは1968年から2016年まで実に50回と、存命する人物としては最多だ。ちなみに、かの有名な1984年ロサンゼルス五輪のファンファーレも彼の作曲だ。

特にスティーブン・スピルバーグ監督とは、1974年のゴールディ・ホーン主演『続・激突！ カージャック』以来、27作品で二人三脚を続けてきた。ウィリアムズとスピルバーグの共同作業には、スラットキンの家族もかかわってくる。一時はハリウッドから遠ざかったスラットキンの母が、『ジョーズ』のテーマ曲の演奏に加わった。誰もが背筋を凍らせる冒頭のフレーズ。「あのチェロは母の演奏なんですよ」とスラットキンは誇らしげだ。

ベートーベンの交響曲第5番「運命」は、有名な4音を聴いただけで、誰もがそれとわかる点でも偉大だと言われる。一方、『ジョーズ』のテーマ曲は冒頭の2音だけで、何の曲かを多くの人が言い当てられる。『スター・ウォーズ』のメインテーマに至っては、しょっぱなのインパクトのある和音を1音聴いただけで、映画ファンならずとも認識できるはずだ。

「それほど少ない音で曲や作曲家がわかるのはすごいこと。だから、たとえイマイチな映画であっても、ウィリアムズの音楽がかかるとすばらしい映画になる」とスラットキンは強調する。

ウィリアムズは2016年6月、アメリカン・フィルム・インスティテュートから生涯功労賞を受けた。米メディアによると、その授賞式でスピーチしたスピルバーグは、『E.T.』の主人公が自転車で空を飛ぶ名シーンを、音楽なしで映し出した。物足りない空気が流れる会場に、ほらねと言わんばかりにスピルバーグは語りかけた。「ジョン・ウィリアムズなしでは、自転車はうまく飛ばない。彼はすべての映画に、本物だと思わせるものを吹き込んでいるんだ」

どんな音楽をどの場面に入れるかは多くの場合、映画製作の最終段階で決まる。プロデューサーらが気に入らず、公開間近に楽曲を作り直す例も少なくない。

スピルバーグの場合は違うのだという。『E.T.』の終盤11分間、ウィリアムズが用意した楽曲が場面にうまくはまらなかった。「やり直すよ」と言うウィリアムズに、スピルバーグはこう返したそうだ。「ダメダメ！　とってもすばらしい音楽だから、僕が音楽に合わせて編集し直すよ」

80代半ばにして現役のウィリアムズは、今も基本的に毎朝徒歩で20世紀フォックスのスタジオに通い、1日約8時間、作曲に没頭しているという。スピルバーグ監督の『BFG：ビッグ・フレンドリー・ジャイアント』（2016年）でも音楽を担当。スピルバーグ監督作ではほかに、2018年公開予定の『Ready Player One（原題）』でも、2019年公開予定の『インディ・ジョーンズ』シリーズ5作目でも、楽曲を担うとされている。

スラットキンによると、ウィリアムズは曲作りに一切コンピューターを使わない。彼の作曲ツールは、あくまでピアノとペンと紙の楽譜だ。電子音によるオーケストラ演奏の「再現」がいくら精細に発達しても、コンピューター派の作曲家がいくら増えても、名門ジュリアード音楽院でピアノを学んだ彼は、生の楽器による作曲を貫いてきた。

コンピューター音楽がますます発達する今、どんな人たちが彼らの志を受け継いでゆくのだろう？　そう聞くとスラットキンは「先日大学を卒業した息子が、映画音楽の作曲家になると言うんですよ。彼の楽曲をいずれ指揮できれば、と思っているよ」と目を細めた。

大ヒット作を支えたのはオランダの銀行家

『ハリウッドがひれ伏した銀行マン』

『スーパーマン』誕生秘話

映画の完成に欠かせないもの——それはやはり、お金だ。いくらいいアイデアがあっても、資金が底をついたら形にならない。実績の少ない映画人にはとりわけ悩みの種だ。

それにしても、知らなかった。あの『プラトーン』（1986年）も『ダンス・ウィズ・ウルブズ』（1990年）も、『ターミネーター』（1984年）に『スーパーマン』（1978年）だって、ハリウッドから遠く離れたオランダの銀行家を抜きにしては生まれなかった、と言われているなんて。

ドキュメンタリー『ハリウッドがひれ伏した銀行マン』（原題 Hollywood Banker）（2014年）は、そうした秘話をつまびらかにした。監督は、これがデビュー作となるオランダのローゼマイン・アフマン。描いたのは亡き父フランズ・アフマンの半生だ。父をめあてに1970〜

80年代、映画人らがこぞって「ロッテルダムもうで」にいそしんだ。その背景を探り、記録しようと膨大な資料をたどり、父をはじめ30人に聞き取りを重ねた。

アムステルダムに住むローゼマインに、スカイプでインタビューした。「きっかけはニューヨークの画廊勤めだった2010年末、父からの電話だったんです」

末期のすい臓がんと診断され、余命数カ月と宣告された――。父がそう告げるや、看病のため仕事を辞めてアムステルダムへ。回顧録を書かなかったと悔やむ父に、ニューヨークでドキュメンタリー製作を1年学んだ経験をもとにカメラを回した。残る時間はわずか。闘病の合間を縫って計約20時間、父が証言するさまを撮影した。

ある日、旧知の映画プロデューサーが父を見舞いに訪ねた。フランス人のピエール・スペングラー。父と彼にカメラを向けると、昔語りが始まった。

1970年代のある日、父フランズは勤め先の旧スレーブブルク銀行の役員から大慌てで相談を受ける。支店の行員が、足し合わせると職務権限を大幅に超える額をひとりの人物に融資していたことが、金融検査で発覚したのだ。その人物は、今は故人となった欧州出身の映画プロデューサー、アレクサンダー・サルキンド。当時、スペングラーらとある映画の製作を進め、米スタジオ大手ワーナー・ブラザースから配給契約も取りつけていたが、契約金はあくまでネガと引き換え。金策に走って小口の融資を少しずつ受けたのが膨らんでいったのだった。

ここで融資を引き揚げれば、製作が中止に追い込まれるのは目に見えていた。

映画のタイトルは『スーパーマン』だ。

フランズはロケ地ロンドンへ向かい、主演の故クリストファー・リーブらが躍動する素材映像を1時間ほど見せてもらった。一緒に見てもらったのは、名作『道』（1954年）などを手がけた伝説のイタリア人プロデューサー、故ディノ・デ・ラウレンティス。ふたりで顔を見合わせ、「これはいける」。ワーナーとの契約を担保に融資続行を決め、追加融資にも応じた。

1978年に公開されると、ジョン・ウィリアムズのテーマ曲とともに世界中で大ヒット。銀行としても収益を上げげた。あのアメコミヒーローの金字塔ムービーは、製作陣や融資団からして、いわば欧州の力で生み出されたと言える。

フランズはラウレンティスと、映画の「プリセールス（事前販売）融資」の手法を開発した。映画の完成前に、製作者が配給権を配給会社に販売。製作者はその契約を担保に金融機関から融資を受け、それを製作費に充てる仕組みだ。人気俳優を抱える大手スタジオの存在なしには映画製作が難しかった状況に、変化をもたらした。

ひとつの作品を子どものように育てる時代の終わり

ローゼマインは撮影を進めるうちに痛感した。「父は新人監督にとってすばらしい存在だった」。彼女の父が始めたプリセールス融資は、経験の浅い監督にも映画製作の道を開いた。たとえばケビン・コスナー。

南北戦争を背景にアメリカ先住民と北軍中尉との交流を描き、コスナーが監督・主演した『ダンス・ウィズ・ウルブズ』は当初、ハリウッドで見向きもされなかったという。役者として注目され始めていたとはいえ、監督としては初挑戦だった。

カメラを向けるローゼマインに、コスナーは淡々と語った。「題材としてはまさに米国映画なのに、上映時間が長いうえ、先住民の会話に字幕もつくからと、国内の誰も出資してくれなかった」「陰では大勢、僕が監督するのを笑っていたらしい。幸い僕は撮影に忙しくて、知らなかったけれど」

そこで動いたのがフランズ。外国の配給会社にプリセールスを働きかけたのだ。折よくコスナーの主演作『アンタッチャブル』(1987年)が大ヒット、彼がスターダムにのし上がり、日本や欧州、南米の配給会社がこぞって契約を申し出た。最も腰が重かったハリウッドのスタジオにフランズは出向き、説得した。「外国はこんなに期待している。米国がどこもカネを出さないなんて驚きだ」

結果、米スタジオからも資金を得て、世界的に大ヒット。作品賞や監督賞をはじめ、アカデミー賞で7冠に輝いた。

コスナーには以前、出演した新生スーパーマン映画『マン・オブ・スティール』(2013年)の公開前にロサンゼルスでインタビューしたことがある。彼は「どんな話になるかも知らされていなかったけれど、今までと違うスーパーマンにしたいというビジョンを掲げる監督に、ついてゆこうと思った」と語っていた。まだ若い監督に、昔の自分を重ねたのかもしれない。

フランズ融資のもうひとつの白眉《はくび》は、オリバー・ストーン監督がベトナム戦争の狂気を描いた『プラトーン』だろう。ハリウッドはまたも、「重い題材に関心を示さなかった」(フランズ)。主演のチャーリー・シーンもまだ無名に等しかった。だがフランズの骨折りなどで製作費580万ドルを確保。大ヒットとなり、アカデミー賞では作品賞など4冠を獲得した。ストーン監督はローゼマインのインタビューに「フランズは神の使いだ」と語った。

ジェームズ・キャメロン監督の『ターミネーター』も、主演アーノルド・シュワルツェネッガーのギャラ100万ドルをフランズが保証したのが製作を後押ししたという。

フランズは1年の多くを各国・地域への出張に費やしたが、あくまで拠点はオランダとし続けた。ローゼマインが「なぜロサンゼルスに移住しなかったの?」と聞くと、彼は答えたそうだ。「ハリウッドの騒々しさやセレブと距離を置き、非常に謹厳なオランダ文化に居続ける方が、冷静な目を持つことができるんだ」

その彼も1991年、銀行を去る。融資をめぐって上層部と対立したためだが、米誌バラエティはこの時、「映画にとってひとつの時代の終わり」と書いた。

業界では次第に、ファンドや投資銀行などが複数の映画にまとめて投資したり、複数の作品を抱える製作会社が出資を募って資金調達したりする手法も増えてきている。劇場に足を運ぶ人が減り、マーケティングや広告などの費用がかさむなか、特定の作品がコケた場合のリスク軽減にもなる。だが「父はそうしたやり方を嫌い、作品ごとに吟味して、自分の子どものように育て、助けるのを好んだ。ビジネスが変わりゆく時期に去るのは、父にはいいタイミングだったと思う」とローゼマインは言う。

ローゼマインは今回の製作費13万ユーロを、地元オランダの政府助成による映画基金から得た資金のほか、父を知る人たちや友人らの寄付でまかなったという。「長編の実績のない監督の、特にドキュメンタリー。とても難しかったけれど、みんなとても支援してくれた」。それも父の遺産だろう。

ローゼマインはかつて「映画の仕事をしたい」と言っては、父に「映画ビジネスは本当に厳しい。ほかの道を考えた方がいい」と諭されていた。その厳しさを、父との共同作業を経て体感し、監督として次なる作品に挑む。「進むべき道を進んだ。そんな気持ちです」

映画がハリウッドに戻ってきた
『ジャングル・ブック』

すべてスタジオで作られた実写ジャングル映画

ウォルト・ディズニー・ピクチャーズなど製作の『ジャングル・ブック』（原題 The Jungle Book）（2016年）は、英国の作家、故ラドヤード・キプリングの原作をもとにアニメ化した故ウォルト・ディズニーの同名遺作（1967年）を、実写とコンピューターグラフィックス（CG）でリメイクした21世紀版だ。「撮影所」という観点でこの映画を考えると、興味深い側面が見えてくる。

米国の映画はかつて、ロサンゼルスのハリウッド地区に林立するスタジオの屋内セットで製作されることが多かった。機材が発達するにつれ撮影はリアルな屋外に移り、ここ数十年は、コスト削減から海外や米国のほかの場所で撮影するロケも盛んになった。それが今回、インドのジャングルを舞台にした「実写」映画がロサンゼルスの、しかもスタジオ屋内で製作された。

いわば、「ハリウッド回帰」だ。

人間の役者は基本的に、ジャングルのオオカミたちに育てられた主役モーグリだけ。それ以外は、動物たちもジャングルの風景もすべてCGで再現されている。それだけ聞くと、『アバター』（2009年）以来CGを見慣れてきた人たちはさほど驚かないかもしれないが、動物たちやモーグリがからむ場面を見ると、CGと実写の境目がきわめて違和感のない融合になっているのに感嘆する。たとえば、雨のなかモーグリが母オオカミのラクシャ（声：ルピタ・ニョンゴ）に触れる場面で、その濡《ぬ》れた体毛に彼の指先が沈む様子はごく自然に見えるし、モーグリの近くで動物たちが動くと、その影が彼の体に当然のように落とし込まれる。

日本公開を前に来日したジョン・ファヴロー監督と、モーグリを演じた新人子役ニール・セディに東京でインタビューした。

「彼が本当の自然環境にいるかのように、見せなければならなかった。すべてを調和させるため、ものすごい事前準備を要し、大きなパズルのようだった」。ファヴロー監督は言う。

事前準備のひとつに、俳優の動きをデジタルで記録しCGで再現する「モーションキャプチャー」がある。撮影の前段階として、仮の動物役にプロの役者を招き、彼らとセディに、体の動きをデジタル上に記録するためのマーカーをつけて全場面をあらかじめ演じさせた。セディの足取りや動物たちとの距離感などを把握したうえで、それを「絵コンテ」として参考にし、実写の撮影に臨むためだ。モーションキャプチャーは、『猿の惑星』新シリーズなどでもおなじみの技術になってきたとはいえ、全場面でこれほど大規模に事前に撮った例はなかなかないという。

モーションキャプチャーの活用はあくまでここまで。『猿の惑星』新シリーズのように動物の動きや表情としてそのまま用いたりはしなかった。「人間がトラの顔を表現したら、とても変になるでしょう？　オオカミとトラとでは、怒りの表し方も違う」とファヴロー監督。70種類以上も登場した動物については、動きはもとより皮膚や筋肉、毛に至るまで、専門家や動物園、文献によるリサーチに基づきCGで再現したという。

約2000人からオーディションで選ばれたセディは、演技経験がゼロだった。だが事前にいったんすべて撮ったことで、「実写撮影に入る時にはすでに経験者になっていた。ある意味、これが『演技学校』になったね」とファヴロー監督は言う。

本番の実写撮影でも、セディはジャングルらしいものを見ることはなかった。駆け上がる丘に岩々、茂みなどはいずれも青いシートで覆われた小ぶりのセット。撮った映像をあとでCGと融合させるには、肌の色と補色関係にある青を背景とする必要があるためだ。そんな人工的な環境で、唯一の人間の役として彼は本撮影に臨んだ。「最初は、ジャングルで撮影するのかと思っていた。それぐらい何も知らなかったから、すごく大変だった」とセディは振り返る。

ファヴロー監督は言う。「大人の役者でも、こうしたセットで集中力を保つのはとてもきつい。だから周りで役者やパペット使い、そして私が彼を囲んで彼の演技の相手をし、手助けをしたんだ」

たとえばセディが小さな動物と出あう場面では、頭からつま先まで青いタイトスーツに身を包んだパペット使いたちが腹ばいになり、小動物を模したパペットを手にセディに近づいて演技させる。彼が動物たちと歩く場面では、動物をかたどったものを手にしたパペット使いが彼の周りを動く。クマのバルー（声：ビル・マーレイ）のおなかに乗って川を渡る場面はプールで撮影、ファヴロー監督が肩まで水につかり、バルーの目線から彼の演技を引き出した。

それだと、演じる方も楽しそうだ。ファヴロー監督は『アイアンマン』シリーズの監督などで知られる一方、人気映画『シェフ　三ツ星フードトラック始めました』（2014年）では監督・脚本・製作に加えて主演もしている。ここでも小学生の息子役とのやりとりが秀逸で、彼は子役にのびのび演じさせるのがうまいのだろうなと思う。

パペット使いは、人気テレビシリーズ『セサミストリート』のキャラクターを生み出した故ジム・ヘンソンのスタジオから来た。「彼らは即興に長《た》けてとても楽しく、子どもが一緒に演じるのは楽しかったはず」とファヴロー監督は言う。こうしてセディも「だんだん慣れてきて、しまいにはこうして演じるのがごく普通になってきた」と話した。完成作品を見た時は、「初めて見るもののようで、すごくワクワクした」という。

映画はスタジオで生まれる

セディをまじえた約9カ月の撮影はすべて、ロサンゼルス中心部にあるスタジオ「ロサンゼルス・センター・スタジオ」で進められた。ファヴロー監督は言う。「昔だったら屋内に偽《にせ》の木々でジャングルを作っただろう。それより少しあとの時代なら、外で撮影し、その映像に動物をどうやって配置するか考えただろうね。でもすべての動物がデジタルの今回は、背景もまるごとデジタルにする方がやりやすかった。ハリウッドなら経験ある技術陣もたくさんいる」

映画製作はこのところ、経済効果を狙って税優遇などで熱心に誘致する東欧をはじめとする欧州や豪州、カナダと世界各地に広がってきた。米国でも、税優遇の手厚いルイジアナ州は『ジュラシック・ワールド』（2015年）や『猿の惑星：新世紀《ライジング》』（2014年）といった大作のロケ地となってきた。ファヴロー監督は、コスト削減に腐心する映画人に理解を示しつつ、疑問も投げかける。「安いと思って行っても結局かえって高くつく、ということもあるんですよ。撮影中に技術陣や機材が必要になったりしても、ハリウッド以外だとすぐに来てもらえなかったり、手に入らなかったりすることが多いわけだから」

実際、ロサンゼルスはこのところ映画製作者らに見直され、アカデミー作品賞に輝いた『アーティスト』（2011年）や『アルゴ』（2012年）、同作品賞ノミネートの『アメリカン・スナイパー』（2014年）、同脚本賞ノミネートの『ナイトクローラー』（同年）など、オスカーにからむ作品の多くがロサンゼルスでのロケをとりいれている。ロサンゼルス市・郡による映画誘致や撮影支援を担うNPO「フィルムLA」は2016年7月、同市を中心とした広域圏で撮影された映画やテレビ番組が、同年第2半期（4〜6月）に、前期より5・8％増えたと発表した。うち長編映画に限ると同9・7％の伸びだという。

「映画の都」としての空洞化を恐れるカリフォルニア州やロサンゼルス市も、ここにきて映画製作向けの税優遇を手厚くしている。ロサンゼルス市議の働きかけで創設された、地元製作の映画を対象にした「メード・イン・ハリウッド賞」は2016年に、第5回を数えた。一方でルイジアナ州は財政難などから税優遇に上限を設けたといい、これも「追い風」となっているとか。米紙ロサンゼルス・タイムズによると、ロサンゼルス市長のエリック・ガルセッティは2015年10月、「映画業界が生まれ故郷に戻ってきている」と語った。

『ジャングル・ブック』はその先を行くかのように、ロケ自体をせず、最先端の技術を結集してすべてスタジオで撮ってのけた。「映画はスタジオで生まれる」というハリウッド草創期の基本に、ある意味で立ち返っている。そう言うと、ファヴロー監督は肩をすくめた。「ハリウッドでもっと映画を作ることができる、と今とても強く感じているよ」

イーサン・ホークは40代の悩みをどう乗り越えたのか

『シーモアさんと、大人のための人生入門』

人生にゆきづまった時に出会ったピアニスト

ハリウッド俳優、イーサン・ホーク。主役あるいは名脇役として毎年何本もの映画に出て監督もし、脚本や演出を手がけて小説まで書く彼だが、実はゆきづまりを感じ、悩み、立ち止まっていた。そんな自分を見つめ直すためにも撮った初のドキュメンタリー監督作『シーモアさんと、大人のための人生入門』（原題 Seymour:An Introduction）（２０１４年）の公開を前に、イーサンに電話でインタビューした。

「シーモアさん」とは米国のピアノ教師、シーモア・バーンスタイン。コンサートピアニストとして活躍したが、50歳で、教えることに専念し始めた。日本でも彼の教則本は広く売られている。イーサンは、彼がコンサート演奏をやめた背景をつまびらかにしつつ、単にピアノを教えるだけではない、多くの生徒にとってのメンターとしての存在感も浮き彫りにした。順風満帆にキャリアを積んできたように見えるイーサン自身が、実は舞台恐怖症に陥って悩んでいたところでシーモアにめぐりあい、彼のとりこになっていったさまを映像でつづっている。

イーサンは自身とシーモアの歩んできた道を重ねるように、電話越しに言った。「コンサートピアニストの人生がどんなものか考えたこともなかったが、彼らの不安がいかに張り詰めたものか。たった1回の演奏で残酷な判断をくだされることがあるわけだから。演奏や演技に真剣に取り組んでいる人間は誰しも、不安に取りつかれていると思う」

そうした敬意と共感があってこそだろう、イーサンは本作のなかで、シーモアにピアノリサイタルを開くようお願いする。シーモアには35年ぶりの開催だったという。「彼の演奏は非常に高レベルで美しいのに、あえて一般の人たちの前で弾かないようにしている彼のありようを、ドキュメンタリーを見る人にもわかってほしかった」

『チェルシーホテル』（2002年）、『痛いほどときみが好きなのに』（2006年）など、フィクション映画の監督はこなしてきたが、ドキュメンタリーは初めてだ。

イーサンがシーモアと出会ったのは、ある夕食会の席だった。シーモアの生徒に誘われたのだという。イーサンは「シーモアのアパートで、娘と座りながら彼のピアノを聴き、ものすごく特別な機会をもらったと感じた」と振り返る。ほどなくして、イーサンは彼についてのドキュメンタリーを撮るべきだと思い、知り合いのドキュメンタリー製作者に声をかけたけれど興味を持ってもらえなかった。「すると、妻が『私たちでやりましょう』と言い、製作が始まったんだ」。妻のライアンはプロデューサーとして名を連ねた。

俳優の仕事をこなすかたわら撮影を進めた。「2日撮っては別の仕事を2カ月し、また1日撮るといった繰り返し。全部で10日の撮影だったけれど、約1年半かかったよ」

成功すればするだけ、迷い、悩む

イーサンは言う。「この映画を撮りたかった理由のひとつに、ただシーモアとより多くの時間を過ごしたかったというのがある。彼は癒しの存在だった」。実は、「ここ数年ものすごく仕事をしてきたけど、今、次に何をしたらいいかよくわからない時期にさしかかっている」のだという。

意外だ。デビュー以来約30年、『ビフォア・サンライズ　恋人までの距離《ディスタンス》』（1995年）に始まる『ビフォア』シリーズ、『ガタカ』（1997年）、『その土曜日、7時58分』（2007年）、『ドローン・オブ・ウォー』（2014年）と幅広い役柄を演じて人気を博してきた。『6才のボクが、大人になるまで。』（2014年）でアカデミー助演男優賞にノミネートされる数日前、ハリウッドで開かれたパーティーでほんの少し言葉を交わしたことがある。勢いがあり、すこぶる陽気な様子だったのを思い出す。

イーサンは電話で説明した。「若い時は自分の力を示そうとしたり、ある意味自分のことだけを考えればいい。年を重ねて自分の芸術性が高まるにつれ、より責任感が強くなる。他者のことを考え、レベルの高いアートを実現するのがいかに難しいかわかるようになる。成功するにつれ、期待の水準も上がる。期待によって、ある種のプレッシャーが生まれてくる」。そこでシーモアと出会った。「彼の教えは、プレッシャーを和らげる助けになるよ」

私はイーサンと同い年。その悩み、すごくよくわかる。同じ世代のほかの人たちも、似たような悩みを抱えているのではないか。そう言うと、「ミドル世代の危機にぶつかると人は車を買ったりするけど、僕の場合はドキュメンタリー撮影だったということだね」と冗談まじりに笑って返した。

それにしても、自作で悩みを明かすことに、スター俳優としてためらいはなかったのだろうか。そう聞くと、イーサンは言った。「正直じゃない人の話なんて、誰も見たくないでしょう？　ドキュメンタリーを作りたいのであれば、率直じゃなきゃね」

そもそも、なぜ俳優になったのだろう。「意識的に決めた仕事だったかというと、わからない。俳優になるチャンスがいくつか転がり込み、ドアが開かれた。ひとつ倒すとすべてが倒れ始めるドミノのようにね。人生ってめぐり合わせでしょう。たとえば、僕はドキュメンタリーを撮影しようなんて以前は思ったことがなかったもの」

最近のイーサンの働きぶりには目をみはる。あとで紹介する、米トランペット奏者の故チェット・ベイカーを描いた『ブルーに生まれついて』(2015年)で熱演したほか、2016年には主演を含む4本の出演映画が米国で公開された。小説家としても、2015年には『Rules for a Knight(原題)』、2016年には『Indeh: A Story of the Apache Wars(原題)』を出版、これまで以上に多才ぶりを発揮している。「チェット・ベイカーを演じるにあたり、彼の人生を理解しやすかったという意味で、今回のドキュメンタリー撮影はとても役立ったよ。シーモアを撮ったすぐあとにベイカーを演じることになるなんて、すごい機会だと思ったよ」

今まで以上の仕事ぶり、シーモアがいわばメンターの役割を担ったことで悩みは克服したということだろうか。尋ねると、「そういう風にはとらえていない。誰しも、悩みがまったく解消されるなんてことはないと思う。人生はいろんなできごとの連続。そうしてまたほかの悩みへと突き進んでいくということなんだよね」と笑った。

そうしてまた、創作者として円熟味を増していくということなのだろう。彼には男女を問わず同世代のファンが多いのも、うなずける気がした。

かつてない屈強なヒロイン登場
『ジャック・リーチャー NEVER GO BACK』

ただヒーローにつき従う女性に見えてはいけない

これほど心身ともに屈強で、男性の助けなどなしに敵を倒すヒロインは、とりわけ現代もののアクション映画においては過去にどれだけあっただろうか。トム・クルーズ主演『ジャック・リーチャー NEVER GO BACK』（原題 Jack Reacher: Never Go Back）（2016年）のヒロインを見ると、多様な女性キャラが少ないと言われてきたハリウッドもここまできたか、と思う。

『ジャック・リーチャー NEVER GO BACK』は同じくトム・クルーズ主演『アウトロー』（2012年）の続編。孤独な元米陸軍捜査官ジャック・リーチャーが主人公の、英推理作家リー・チャイルドによるベストセラーシリーズの映画化だ。今作では、米陸軍内部調査部のスーザン・ターナー少佐（コビー・スマルダーズ）が身に覚えのない国家反逆の容疑で捕らわれの身となり、トム演じるリーチャー元少佐も捕まる。黒幕を突き止めて嫌疑を晴らそうと、ともに脱獄、リーチャーの娘と言われる少女サマンサ（ダニカ・ヤロシュ）も加わって追っ手をかわし、反撃する。

シリーズ1作目『アウトロー』でも、ロザムンド・パイク演じるヒロインの弁護士は知的かつ精神的にタフだったが、武装した敵の前ではリーチャーの助けが必要だった。トム主演の別の作品『オール・ユー・ニード・イズ・キル』（2014年）は、エミリー・ブラント演じる女性軍人が戦闘能力の高い超マッチョだったが、近未来が舞台のSFで、いかにも架空のゲーム的世界だった。その点、今作のターナー少佐は現代の軍人で、心身のタフさにおいてはリーチャーに引けをとらない。リーチャーと手分けして、これでもかと敵を締め上げる。劇中、リーチャーが彼女を置いてひとりで敵に立ち向かおうとしたら、「男はいつもそう」と性別役割分担に異議を唱えて口論にもなる。状況は違えど、あぁよくわかるなぁ、こういう場面。

公開直前にトムとエドワード・ズウィック監督が来日した。記者会見ではこのたくましいヒロイン、ターナー少佐を演じたコビーについての質問も飛んだ。日本をはじめ世界的にはまだ知られていないカナダ人女優。その起用について、トムは言った。「軍の部隊の司令官という、非常に知的で、身体的にも自立できていなければならない役。それを的確に演じられる彼女を迎えられてラッキーだった」

トムはさらに言葉を継いだ。「もう何年もの間、休みなく週7日、仕事をしている。映画は単なる仕事ではなく、好きでやっている。男性であれ女性であれ、私と同じように情熱を持って映画作りにすべてを注いでくれる共演者を求めている。私が教える側になる場合もあるけれど、逆に教わることが多い。懸命に仕事に励まず、情熱に乏しいような人とは一緒に働きたくない、と言っている。観客を楽しませたいからね」

50代にしてなおキレのあるアクションを披露するトムならではのストイックな発言だが、その相手役を務めるのはいかにも大変そうだ。しかも米紙ロサンゼルス・タイムズのインタビューによると、コビーは撮影前に脚を骨折。リハビリや毎日4時間のジムでのトレーニングで回復させたというからトムも真っ青だろう。それでもトムと並んで全力で走る場面では、「最初は、とても無理だと思った。トムについていけなそうだった。実際、彼が走り始めると『もう少しゆっくり！』と叫ばなければならなかった」とコビーは同紙に語った。そこでトムはコビーを先に走らせ撮影したという。コビーがただヒーローにつき従う女性に見えないようにするためだ。「トムにとってはターナー少佐がリーチャーと対等であることが大事だったんです」

業界がジェンダー・ギャップ解消に努めても現実は

ハリウッドではこのところ、女性の多様な役どころが少ない点が議論の的だ。特にヒーローものて、女性は男性に助けられるか弱いキャラであることが多かった。そもそも、米サンディエゴ州立大学「テレビと映画における女性研究センター」の調査によると、2015年の米国興行収入トップ100の映画のうち、女性が主役の映画はわずか22%。セリフのある女性の役でも33%だ。そうした現状にあって、今作のような大予算スター映画でのこうした変化は大きな一歩と言えるだろう。

そんな米国。史上初の女性大統領がついに生まれるのだろうか、と思っていたら、あにはからんや、逆に女性蔑視やわいせつ発言をはばからない候補のトランプが勝利をおさめた。映画界の最近の努力とは正反対の動きではないか。

考えてみれば、さもありなん。米大統領選の勝敗マップを見るまでもなく、ハリウッドやニューヨークを拠点とする米映画人の多くはヒラリー・クリントンを支持してきたリベラルだ。トランプ大統領誕生に衝撃を受けた彼らは、成功したエスタブリッシュメント。非都市部を中心としたトランプ支持者とは隔たりがある。そもそも映画館の観客自体が減っており、米映画協会によると2015年は、北米で31%が一度も映画館に足を運ばなかった。よくも悪くも映画の影響力が及びづらくなっているとしたら、業界がジェンダー・ギャップの解消に努めても、ますます乖離《かいり》が広がりかねない。

トランプ大統領をめぐるニュースに日々翻弄されながら、そんなことをつらつら考えている。

ハリウッドが注目する日本人監督

『ダム・キーパー』『ムーム』

CGか手描きかの議論を飛び越えるチャレンジ

コンピューターグラフィックス（CG）か手描きか――。アニメーションの世界をのぞくと、そんな議論が交わされているのによく出くわす。でも、2015年にアカデミー短編アニメ賞にノミネートされた初の監督作『ダム・キーパー』（原題 The Dam Keeper）（2014年）のCG長編化に、米国を拠点に取り組む堤大介監督を見ると、そうした線引き自体が無意味に思えてくる。

『ダム・キーパー』は、街を公害から守る仕事を亡き父から受け継いで人知れず続ける一方、学校でいじめられる幼いブタくんが主役の短編だ。「絵の具タッチ」（堤監督）の手描きが特徴で、堤監督が得意とする光と影がブタくんの心の陰影を浮き彫りにして、何度見ても涙腺がゆるむ。2017年夏からはオンライン動画配信サービスのHuluで、これに続く短編シリーズも始まる。

その長編を、堤監督らのスタジオ、トンコハウス（米カリフォルニア州バークリー）と、20世紀フォックス・アニメーションが製作する。ブタくんや親友のキツネくん、いじめっ子のカバくんが旅をしながら再びスクリーンに現れるが、今回は打って変わって、フルCGとなる。

すでに、手描きの風合いとともに世界で評価された作品。そこをあえて、業界用語で言うところの「ルック（見た目）」をがらりと変えるのはなぜだろう。堤監督に聞くと、こんな答えが返ってきた。「長編ではお話も世界観も、短編より複雑になる。最も大切なキャラクターの内面を表すため、僕らが駆け出しの頃からずっと表現方法とし、フルに力を発揮できるCGアニメーションで勝負したい。一部ファンからは独特の手描きのルックを変えてほしくないという声があるのも承知していますが、そうしたみなさんにも納得してもらえるような温かな質感をどのようにフルCGで表現できるかが、僕たちのチャレンジになる」

「成長」「チャレンジ」を大切にする堤監督らしい、と思った。

18歳で渡米しニューヨークの美大を卒業した堤監督は、アニメの名門、米ピクサー・アニメーション・スタジオで世界的な大ヒットCGアニメ『トイ・ストーリー3』（2010年）などにアートディレクターとして携わった末に、日系4世の同僚ロバート・コンドウとともに独立。そうして初めてふたりで監督したのが『ダム・キーパー』だ。それがアカデミー短編アニメ賞にノミネート、両監督は米映画芸術科学アカデミーの会員となる。2016年に朝日新聞の別刷「GLOBE」の大型人物紹介欄「突破する力」向けに長時間のインタビューをしたが、その際も、「成長がプライオリティー」と堤監督が何度も口にしていたのを思い出す。

堤監督とコンドウ監督はこの『ダム・キーパー』長編プロジェクトと並行して、短編『ムーム』（原題 Moom）の製作に取り組んだ。2016年、日本を含む世界各地の映画祭で上映、8〜9月には米ロサンゼルスで劇場公開した。映画プロデューサー川村元気氏の絵本を原作に、人間に使い捨てられた「ガラクタ」が積み重なる湖畔で、品々から「思い出」のかたまりを引っ張り出し、行き場のない悲しみを解き放つ役割を担うムームたちのせつなさをつづっている。トンコハウスと、日本の映像制作会社クラフター（旧スティーブンスティーブン、東京）、そしてCG制作のマーザ・アニメーションプラネット（東京）とで作り上げた。

つまり、全編がCGだ。画面を通して触れられそうな質感のムームの立ち居振る舞いから、ぬくもりに満ちた感情がひしひしと伝わる。見ているうち、CGだとか手描きだとか、そんなくくり方自体を忘れてしまう。

上をめざすハングリーな精神で

堤監督は2016年の東京国際映画祭で『ダム・キーパー』と『ムーム』を上映し、細田守監督と対談した。『サマーウォーズ』（２００９年）、『おおかみこどもの雨と雪』（２０１２年）、『バケモノの子』（２０１５年）などの作品を手描きで世に送り出してきた細田監督を前に、堤監督は「僕らはあまり『ルック』にはこだわっていない。いろんな表現の仕方があっていい」と語っていた。

これに関して後日、堤監督に尋ねると、「ＣＧだから芸術性に欠けるとか、コンピューターで人の手がかからないといったことはまったくなくて、ＣＧも手描きと同じようにクリエーティブな人間が作らないといけない。大事なのは手法よりも、何を伝えたいか、だと思っています」。堤監督がピクサーで携わったＣＧアニメ『トイ・ストーリー３』は私も感涙した大好きな映画だが、言うまでもなく、「ＣＧだからコンピューター的」なんて感じる観客はいまい。

『ムーム』で初めて日本の会社とコラボした時、堤監督は「やっと日本で何かができるチャンスが来た」「米国のノウハウを持つ僕らと、日本のクリエーターの人たちが一緒にやったら何かおもしろいものができるんじゃないか」と思ったそうだ。

というのも、「宮崎駿監督に代表されるように、日本の手描きのアニメーションは世界から高い評価を受けて最高レベルにある。それは失われずにいてほしい、と僕個人としては思っているけれど、その分、ＣＧアニメーションが世界標準から遅れているのは否めない」と感じてきたためだ。ＣＧアニメの世界的ヒット作品を繰り出すピクサーで実績を積んだだけに、思うところも大きいだろう。

だからこそ、『ダム・キーパー』のCG長編も「日本の人たちと一緒に何かできないか準備をしている」という。堤監督自身、『ダム・キーパー』は映画監督として「ゼロからのスタート」だっただけに、「すでにすごく『できてる』人たちよりも、日本のCGアニメーションの世界にいる、これから上をめざしてハングリーな精神でやれる仲間」と仕上げたい、と考えている。

日本では、2016年11月、手描きを貫いてきた宮崎駿監督が短編アニメ『毛虫のボロ』で初めてCGに挑むさまが「NHKスペシャル」で紹介され、話題になった。「日本のCGアニメーターたちが宮崎監督と時間をともにし、学べるチャンス。とても楽しみです」と堤監督は言う。

どちらの完成も、楽しみだ。

白人が黒人ジャズにのめり込むことの苦悩
『ブルーに生まれついて』

ものすごい不安定さと、とてつもない自信

黒人が主流を占めるジャズの世界に白人が挑むと、どんなことが起きるか——。米ジャズ・ミュージシャン、故チェット・ベイカー（1929～88）の半生を描いた『ブルーに生まれついて』（原題 Born to Be Blue）（2015年）を見ると、人種問題がはらむ複雑さをまざまざと見せつけられる思いがする。主演のイーサン・ホークに電話でインタビューした。

チェット・ベイカーは、1950年代に米カリフォルニアで巻き起こったウェストコースト・ジャズを代表するトランペット奏者でヴォーカリスト。映画は彼の転落や心の相克をあますところなく見せる。

イーサンは米南部の音楽の街、テキサス州オースティンに生まれた。「僕はギターを弾き、父はよくピアノを弾いていた。音楽はずっと僕の人生とともにあった」「ずっとジャズが好き

で、ジャズの本を好んで読んだり、ジャズについて学んだりしていた」とイーサンは振り返る。

それだけにチェット・ベイカーは「ずっと演じてみたいと思っていた」。イーサンが高校を卒業したばかりの1988年、アカデミー長編ドキュメンタリー賞にノミネートされたチェットの自伝的ドキュメンタリー映画『Let's Get Lost（原題）』が封切られて以来、「彼のとりこになった」のだそうだ。その後、イーサンとの共作も多い盟友リチャード・リンクレイター監督とチェットの映画を作ろうと試みたこともあった。結局頓挫したというが、「だから今回この役の打診を受けた時、未完の作品の続編のオファーを受けたような気持ちになったよ」。

劇中、イーサンは実際に3曲歌っている。『マイ・ファニー・バレンタイン』と『ブルー・ルーム』、『I've Never Been In Love Before』だ。トランペットの演奏シーンも、一部はイーサン本人による。

このためイーサンはジャズのレッスンを受け、歌の特訓をし、「取りつかれたかのように」ジャズを聴き続けた。チェットのビデオや録音を毎晩見たり聴いたりして研究した。「どんな仕事もチャレンジだけど、ジャズの古典スタンダードを歌うのは本当に大変だった。チェットはトランペットを吹くように歌うからね」。チェットは中性的な歌声に定評があるが、そうした彼の高音を再現するのは特に苦労したという。

あ、と思った。イーサンへの電話インタビューは、彼が初めて撮ったドキュメンタリー『シーモアさんと、大人のための人生入門』について実施した（132ページ）のに続き2回目。立て続けにじかに会話して感じるのは、イーサンの話し方がジャズ的だという点だ。シンコペーションがあるというか、スイングも感じるというか。もしや、そのせい？

チェットは実人生において、ドラッグがらみのけんかでしたたかに殴られ、管楽器奏者としては致命的な前歯を折られる大けがをして休業を余儀なくされた時期がある。復活を期して、まだ傷が癒えない段階で無理してトランペットを吹いてはろくに音も出ず、傷口を開かせるばかりの状態も続いた。奏者としては終わりだとみなされながら、文字通り血をにじませて苦闘する姿をイーサンは演じた。「これまでの人生で、こんなにいろんな体勢でうまくやろうともがくさまを要求されたことはなかったよ」

イーサンはチェットを「とんでもなく得体の知れない人物。カリスマ性があって、風変わり。ものすごい不安定さと、とてつもない自信とを兼ね備えている」と評する。そのうえで、「僕としては共感できるところがある」という。

イーサンが『シーモアさんと、大人のための人生入門』を撮ったのは、『ブルーに生まれついて』の前だ。撮影の間も含めてピアニストのシーモア・バーンスタインと多くの時間を過ごし、「彼が教えるさまざまな生徒について聞かせてくれた」ことで、「ミュージシャンの人生がどんなものか、理解が深まった」とイーサンは言う。

黒人文化にあこがれ、近づき、拒まれる悲哀

チェットの不安定さはとりわけ、人生をかけて愛したブラックカルチャーにどこかで拒まれるいらだちとあわせて考えるべきなのかもしれない。

ジャズはアフリカ系米国人にとって、黒人解放の象徴的音楽と言える。

南北戦争で奴隷制度が廃止された頃、南軍の払い下げ楽器を手にした黒人たちによって西洋音楽とアフリカ系のリズムが溶け合い、ジャズとなって米ニューオーリンズを中心に発達した。20世紀にはジャズの中心地に躍り出たニューヨークで多くのアフリカ系米国人がスターミュージシャンとなり、マンハッタンの名門ジャズクラブ「バードランド」はその黄金時代を牽引《けんいん》した。

一方、チェットはロサンゼルスで音楽を学び、サンフランシスコを含むカリフォルニアでトランペット奏者として名を上げ、ウェストコースト・ジャズの代表格となった。東海岸を中心に発展した「王道」ジャズとは対照的に「白人中心」で、特にチェットは甘いルックスからアイドル的人気も博した。

そんなチェットらを、同時代の伝説的トランペット奏者マイルス・デイヴィス（1926〜91）は快く思わなかったとされる。ジャズの帝王でありながら、白人警官に殴られ逮捕され、

人種差別と戦わざるを得なかったマイルスの立場に立てば、それも理解できる。

劇中では、チェットがそんなマイルスに恐れを抱き、崇《あが》め、卑屈になるさまが描かれる。チェットはまた劇中、カルメン・イジョゴ演じるアフリカ系のジェーンを恋人にし、過度に依存を強める。彼女の父は白人チェットを警戒し、敵意をむき出しにする。

つまり、アフリカ系米国人の文化にあこがれ近づこうとする白人への拒絶、それがもたらす悲哀が、映画の随所で描かれる。

「チェットにとってのヒーローは、マイルスやチャーリー・パーカー、ビリー・ホリデイ。彼らの音楽に心動かされ、その一員になりたかったということだろう」。イーサンは解説する。

「黒人と白人の敵対関係は昔も今もある。米国がずっと向き合ってきたことだ」。そのうえで、イーサンはチェットについてこう語った。「彼自身は本当に、黒人文化に共鳴し、一体化していた。あの時代の白人がそんなに関心を寄せるのは珍しいことだった。チェットはいろんな意味で、肌の色で人を判断するところがまったくない人物だったのだと思う」

壁にぶち当たるいらだちを、チェットはドラッグ依存にぶつけた。映画では、キャリアを一時台なしにした破滅ぶりや、マイルスの大きすぎる存在感への焦りがドラッグ依存とともに描かれる。

「ヘロインで命を落とす人は以前にもまして増えている。とても恐ろしく、悲しいことだ」。

イーサンは言った。「人生や男女関係、仕事に人間関係……多くの人にはどれも本当に苦労が多い。人はとても不安定な状態になると、何かで気持ちを高めようとしがちだ。作品で描かれている問題は今日的だと思う」

イーサンにも、かつてドラッグ依存となった親族がいて、友人の何人かはヘロイン依存で亡くしている、と言った。かつて共演したフィリップ・シーモア・ホフマンも、薬物の過剰摂取で2014年に亡くなっていますよね——。そう言葉をかけると、イーサンは答えた。「ドラッグ依存というと、たいていの人はお決まりの反応をする。でも背景には絶望や、さまざまなメンタルヘルスの問題があったりする。依存症に陥った人をただ批判するのではなく、思いやりを持って見つめ、なぜ命を危険にさらしてまでそうせざるを得なくなったか理解するようになったという意味で、身近な経験はとても役立っている」

女性の大統領候補がいるなんて、すばらしい

それにしてもイーサンは、ひたすら転落する兄弟をフィリップ・シーモア・ホフマンとともに演じた秀作『その土曜日、7時58分』(2007年)をはじめ、身をもち崩したり、いわゆるダメ男だったりする役柄が目立つ。そして、その場合に演技がとても光る。イーサンは言う。

「いわゆるヒーローとか悪役とか、厚紙を切り抜いたような平板な役柄を演じるより、欠陥の

ある人物を演じる方が、難しいけどやりがいがある。そうした人間らしい人を演じるのはいつもおもしろいと感じるよ」

この電話インタビューを行ったのは日本時間の２０１６年10月26日夜、米大統領選の２週間前だった。このため、きたる選挙についても質問した。初めて選挙権を持つ長女がいる彼は、こう答えた。「彼女が初めて投票する年に女性の大統領候補がいるなんて、とってもすばらしいよ。女性候補が目新しいことではない世界で彼女が大人になっていくというのは、とてもワクワクすることだ。彼女を力づけ、自信を持たせることになる。人がジェンダーではなく人格や業績、才能で評価されるようになる時代に僕たちが生きていることに、心躍るよ」。そのうえで、「もうひとりの候補はリアリティ番組のホストで、選挙システムを愚弄してエンターテインメントとしている。人々の絶望感をただあおっているのだと思う。この国を率いる資格はこれっぽちもない。だから今回の選挙はとても大事だ」。

トランプという固有名詞も挙げなかったイーサンは、初めて投票した長女とともに今、何を思うのだろうか。

黒人メインの作品には資金がつかない現実
『MILES AHEAD／マイルス・デイヴィス　空白の5年間』

あのマイルスを描く映画でも資金が集まらない

ジャズの帝王、故マイルス・デイヴィスの空白期を描いた『MILES AHEAD／マイルス・デイヴィス　空白の5年間』（原題 Miles Ahead）（2015年）。ブラックムービーの資金集めや大ヒットが総じて難しいなかにあっては意義深い作品だ。公開を前に来日した今作のプロデューサーでマイルスの甥《おい》、ヴィンス・ウィルバーンJr.にインタビューした。

マイルスを演じるのはドン・チードル。1975年に音楽活動を休止し、腰痛に悩みながらドラッグとアルコールに溺れ、キャリアも終わりかとすらささやかれたマイルスのもとに、米誌ローリング・ストーンの記者デイヴ・ブレイデン（ユアン・マクレガー）が独占インタビューを狙って押しかけてくる。マイルスは反発しつつも次第に行動をともにするうち、大切な秘蔵マスターテープを狡猾《こうかつ》な音楽プロデューサーに盗まれてしまう。奪い返そうと奮闘するマイルスの脳裏に、元妻フランシス（エマヤツィ・コーリナルディ）との日々がよみがえる。自暴自棄になった帝王が音楽への情熱を取り戻しうるのか、映画はその当時のマイルスに絞って描く。

ドン・チードルと言えば、ルワンダ虐殺下で難民をかくまったホテルマンを演じてアカデミー主演男優賞にノミネートされた『ホテル・ルワンダ』（2004年）で知られる。その彼の記憶が鮮明な人には、今回の役どころは180度違って見えるだろう。だが、この配役は、ドラマーとしても甥としても長年マイルスを間近に見てきたヴィンスたっての希望だった。

音楽プロデューサーでもあるヴィンスは言う。「2006年のことだ。マイルスがロックの殿堂入りをし、その授賞式にマイルスの息子エリンや娘シェリルらと列席した。そこで報道陣に『マイルスを誰に演じてもらいたい？』と聞かれ、僕は答えた。『ドン・チードルだ』と」

ヴィンスはそれまでドン・チードルに会ったこともなかった。だが『青いドレスの女』（1995年）で主演デンゼル・ワシントンの友人役を演じたドンを見て、「短気で怒りっぽく、まじめで単刀直入なさまや表情が、おじのマイルスをほうふつさせるようだった。たちまち僕の頭に焼きついたよ」と言う。

ヴィンスの授賞式でのセリフが報じられて方々に伝わり、ついにはヴィンスのエージェントがドンのエージェントにその話を伝えた。ドンはマイルスの親族らとゴルフに行く仲になり、深くマイルスについて語り合うようになったそうだ。

2010～11年には映画化へと具体的に走り始めたが、資金集めは困難をきわめたという。え、あのマイルスを描いた映画でも？　そう驚いていると、ヴィンスは言った。「『スパイダーマン』や『スター・ウォーズ』といったたぐいの映画じゃない。僕自身、資金を得るためだからといってマイルスについて今さらプレゼンするようなこともしたくなかった。だからハリウッドに頼らなかった」。黒人がメインの作品には簡単に資金がつかないのがハリウッドの変わらぬ現実ということか。

そこでドンが始めたのが、ネットを通じて不特定多数から資金を募るクラウドファンディング。その草分けでもある米クラウドファンディングサービス「インディーゴーゴー」を通じて広く呼びかけた。すると、その後故人となったプリンスが匿名で資金を投じたほか、俳優でコメディアンのケヴィン・ハートや著名な建築家フランク・ゲーリーらが出資したという。結果、目標を上回る34万4582ドルを集めた。「すべてドンのアイデア。彼はこの映画を実現するため心血を注いだ」

金策に奔走する一方で、ドンはマイルスの親族に質問を浴びせた。「お父さんはどんな人だった？」「息子や娘、甥との関係は？」。ヴィンスいわく、「ドンはあらゆる情報を集め、スポンジのように吸収した。あるいは、まるでカメレオン。それが彼の役作りのやり方で、その才能は抜きん出ているね」。ヴィンスはドンに、マイルスの楽曲のみならず肉声をも収めた録音を渡し、ドンはそれをひたすら聴き続けた。ドンは高校時代にアルトサックスを吹き、ベースも演奏。つまり耳がいいはずで、体得も早かったそうだ。

そうして迎えた撮影初日、ヴィンスはオハイオ州シンシナティのロケ現場に足を運び、涙が出たという。「マイルスが車を止めるやり方すら当時そのもの。非常によく再現していて、すばらしい」とヴィンスは感極まった。「ドンは監督をしている間も、声も含めてマイルスだったと。再現したマイルスの自宅も当時の通り。まるでタイムスリップしたかのようで、現実のものとは思えなかった。感動のあまり、言葉がなかった。『ドン・チードルがいい』と言ったのは正解だと思ったよ。マイルス役を確実にモノにしたドンに、アカデミー賞をとってほしいよ」

「記憶する限り、4歳からマイルスを知っている」うえ、ミュージシャンとしても間近に見てきたヴィンスがそこまで言うのだから相当なのだろう。すっかりとりこになったヴィンスは、この完成作品を「12回見た」そうだ。

数ある音楽映画のなかには、オリジナル楽曲の使用許諾が十分に得られない場合もある。だが今作はマイルスの楽曲がふんだんに使われた。それも、権利を持つヴィンスらがこれだけドンの演技や監督ぶりにほれ込み、タッグを組んだゆえだろう。

あらゆる音楽に生命を吹き込む

ヴィンスは、今作が描いた「空白の5年間」から復帰する際のマイルスの様子も実際に目の当たりにしている。「ある日、マイルスが僕の母に電話をかけ、受話器を僕にも向けさせた。そこからマイルスの演奏を聴いた。後日、マイルスは言った。『あれをレコードにしてほしいか？』。そうして彼はニューヨークに戻り、音楽界に復帰したんだ」

ヴィンスはマイルスについてこう語る。「マイルスは音楽のあり方を4〜5回は変えた。まるでシェフのようだったうえ、こうと決めたら何でもできた。常に突き進み、振り返らない。僕にとってはスーパーヒーロー。尊敬する人物だった」「彼は早起きで、それでいて遅く寝た。つまり、いつも起きて何かをしていた」

帝王のこんなエピソードも。「マイルスはね、気がついたら服を替えてるんだよ。1日に6回も着替える人をほかに知らない」。才ある人はやはり、一味違うのだな。

ヴィンスは1983年、マイルスがジャズ・ピアニスト、故ギル・エヴァンスのオーケストラと来日した際に同行している。その時のことを聞くと、「空港に降り立ったら、報道陣だらけ。新幹線の駅では、ホームにいた相撲力士までもがマイルスにサインを求めてきた。その熱狂ぶりに、すごい！と思ったよ」とヴィンス。ちなみにある年の来日時、当時プロ野球の巨人に所属していた友人のクロマティ選手から巨人のジャージーを贈られ、それを着て舞台に立ったことがあるそうだ。クロマティと友人とは！

ヴィンスがミュージシャンになったのは、マイルスに直接、また間接的にも影響されたゆえだ。ヴィンスは自身の地元シカゴにマイルスが頻繁にやって来ては演奏するのを小さい頃から両親と聴きに行き、ドラムに目覚めた。多くの場合、親族として「舞台裏から演奏を見ていた」という。「おじの音こそ聞こえたけれど、舞台の前の方で演奏するおじの姿はあまり見えず、よく見えたのは後ろのドラマーだった。故トニー・ウィリアムズといった、あまたのドラマーたちに僕は釘《くぎ》づけになり、『ドラマーになる！』と言い出した。彼らの演奏は僕の血となっている」

黒人解放の象徴的音楽として誕生したジャズの世界で伝説的存在となったマイルスは、米西海岸で白人を中心に発達したウェストコースト・ジャズなどにも影響を及ぼした。そのあたりは、米映画『ブルーに生まれついて』について書いた前項で詳述した。後年はエレクトリックジャズなどにも手を広げたマイルスは、今につながるさまざまな音楽ジャンルに刺激を与えている。

ヴィンスは、レディー・ガガの右の二の腕にマイルスのトランペットの絵柄のタトゥーがあることや、カニエ・ウェストらを挙げながら言った。「マイルスはあらゆる領域の音楽に生命を吹き込んできたんだ」

恐れてはいけない、くそったれ!

映画では、マイルスが1959年に白人警官に警棒で殴られ、頭を5針も縫う重傷を負ったうえ逮捕された「忌まわしい記憶」も再現している。ニューヨークの名門ジャズクラブ「バードランド」に出演していた合間、クラブの前で白人女性をタクシーに乗せようとエスコートしたところを白人警官に職務質問された末のできごとだ。今もなお米国で続く、有色人種への白人警官の理不尽な暴力と同じだ――。そう言うと、ヴィンスはすかさず、きっぱりと言った。

「有色人種じゃない。アフリカ系米国人に対してだ」

そうしてヴィンスは抑えるように語り続けた。「マイルスは自分が出演していたクラブの前で白人女性と話し、タクシーに乗せようとしていただけだ。それがいけないことなのか?」

「1959年に起きたことが、この2016年にも起きている。悲しいけど本当のことだ。僕はよく父に『(安全でいるため)はみ出さないで、適切な場所にいるように』と言い聞かされたが、人種差別は次の世代にも続いていくだろう」

そのうえで、ヴィンスは言った。「ただ実際の僕は、白人のミュージシャンと演奏しているし、アジア系とも、ヒスパニックの人たちとも仕事をしている。恐れてはいけない。それは、マイルスが教えてくれたことだ」

　ヴィンスにインタビューしたのは、トランプ当選の約2週間後。人種差別的発言を繰り返す支持者が目立つ彼の政権下、黒人をはじめ非白人を取り巻く環境はどうなっていくのだろう。

「米国の状況は確実に変わっていく。それはこれから実感していくことだろう。我が家のヒスパニックの家政婦はすでに人種差別的な扱いを経験している。トランプが適切にふるまうことを願うばかりだ。あるいは日本に移住しようかな」。ヴィンスは真剣なまなざしで語った。

　マイルスが生きていたら、この政治状況にどう反応するのだろう？　憤り、悲しむのだろうか。そう言うと、ヴィンスはつぶやいた。「そうかもしれない。あるいは、くそったれ！と気にしないかもしれないいな」

中国マネーが支えた米国の人種問題映画

『ニュートン・ナイト　自由の旗をかかげた男』

金持ちのために貧しい者が命を落とすのか

ハリウッドへの中国マネー流入は中国向け作品の増加につながる、とばかり思っている方は、この映画を見てみるといいかもしれない。南北戦争で貧しい白人と黒人をともに率いて南軍に立ち向かった知られざる歴史上の人物を描いた米映画『ニュートン・ナイト　自由の旗をかかげた男』(原題 Free State of Jones)（2016年）。製作総指揮にあたったブルース・ナックバーに、東京でインタビューした。

物語は1862年、激化する一方の南北戦争の最前線で始まる。奴隷を持たない貧しい自作農ながら衛生兵として南軍に駆り出されたニュートン・ナイト(マシュー・マコノヒー)は、20人の黒人奴隷がいる農場主は兵役免除になったと聞き、「金持ちのために貧しい者が命を落とすのか」と憤る。

戦場で銃弾に倒れた14歳の甥ダニエル（ジェイコブ・ロフランド）のため脱走兵となって故郷ミシシッピ州ジョーンズ郡に戻るうち、作物や家財などを南軍に接収された貧しい白人農家や、追われる脱走奴隷モーゼス（マハーシャラ・アリ）、のちに内縁の妻となる黒人レイチェル（ググ・ンバータ・ロー）らと出会う。自由を求める黒人や白人と団結して立ち上がり、平等に暮らす「ジョーンズ自由州」の設立を独自に宣言。だが白人至上主義団体「クー・クラックス・クラン（KKK）」は黙っていなかった――。

映画は並行して、ニュートンの曽孫デイヴィス・ナイト（ブライアン・リー・フランクリン）が1948年、一見すると白人ながら、レイチェルの黒人の血をひいているとあげつらわれ、ミシシッピ州が当時禁じた異人種間結婚にあたるとして裁かれたさまをも描く。そう、米国はわずか半世紀前の1967年に連邦最高裁が違憲判決を出すまで、有色人種が白人と結婚したら違法で逮捕までされてしまう、そんな州が大半だった。つまり、19世紀においても20世紀になっても、同様の不当さが続いてきたことを今作は告発する。

製作総指揮のブルース・ナックバーがプロデューサーとして日本に2010年から住んでいると聞き、会いに行った。

苦労に苦労を重ねた「大人の映画」作り

米名門ピクサー・アニメーション・スタジオでヒット映画『モンスターズ・インク』（2001年）の製作に携わった一方、米テレビシリーズの『Dr. HOUSE』（2004〜12年）などの製作を手がけてきたブルース。ある日、プロデューサー仲間のT・G・ヘリントンから「書きたい脚本がある。僕の大おじが南北戦争でともに戦った人物、ニュートン・ナイトについてだ」と連絡を受けた。

ニューヨーク出身のブルースには、まったく聞いたことがない名前だった。多くの米国人にもなお知られざる人物だというニュートン・ナイトについてT・Gから詳しく聞くにつれ、ブルースは「すごい映画になる」と感じた。

「ニュートンは『なぜ金持ちの戦争を戦わなければならないのか？』『農場主のための戦争でなぜ死ななければならないのか？』と反旗を翻し、黒人奴隷たちと出会ううち、彼らへのひどい扱いや人種差別の過酷さを知り、目覚めていった。人がどのように成長してゆくかを示す点で、『シンドラーのリスト』にも似ている」とブルースは語る。

ドイツ人実業家の故オスカー・シンドラーは、作品賞などアカデミー賞7冠の『シンドラーのリスト』（1993年）でも描かれているように、当初はただユダヤ人を安価な労働力として雇っていたが、ナチスの非人道性を知り、妻の故エミリー・シンドラーとともに多くのユダヤ人を救ったとして知られる。

ブルースは言う。「僕はユダヤ系だ。そのイメージ通り、とてもリベラルな家庭に育った。僕は幸い偏見に遭うことなく生きてきたが、何年ものあいだ迫害を受けてきたユダヤ系としては、偏見についてとても神経をとがらせ、偏見から身を守れないでいる人たちを守りたいという気持ちがある。僕はそのことをいつも気にかけている」

映画製作に向けて走り出したものの、ニュートン・ナイトについて書かれた本は米国でも、「僕の知る限り、大学の講義で使われるような学術本しかなかった」とブルース。その限られた本の著者らにT・Gと会いにゆき、映画化への思いを熱く説いたという。「T・Gは親族としての立場から、僕そして彼も社会的な観点から、これはすばらしく力強い物語になる、とね」

T・Gが草案を書いてはブルースに見せ、脚本を完成させせんとしていたところ、映画監督ゲイリー・ロスも映画化に興味を持っている、と伝わってきた。ゲイリーはアカデミー賞7部門ノミネートの『シービスケット』（2003年）の製作・監督・脚本を手がけ、のちにヒット映画『ハンガー・ゲーム』（2012年）も監督。古くは故・高倉健がトム・セレックと共演した『ミスター・ベースボール』（1992年）の脚本も共同で書いた。つまり、ブルースいわく、すでに「ハリウッドで影響力を持つ」監督だ。ゲイリーから「一緒にやろう」と力説され、ブルースは組むことにした。

T・Gが何年もかけて書き進めた脚本は破棄することとなったが、ゲイリーの熱意も相当なものだった。ハーバード大学の客員研究員となり、同大のジョン・スタウファー教授のもとで脚本を書き上げ、『ハンガー・ゲーム2』（2013年）の監督を降板してまで今作を完成させた。映画に盛り込まれなかった詳細は、ゲイリーが立ち上げたウェブサイトで解説している。

「これは心ではなく、頭に訴える映画だ」とブルースは言う。「史実の描写が詳細すぎる、と感じられるかもしれない。とても大事な歴史の授業を受けているようなもので、見終わって必ずしも幸福感や意気揚々とした感じに包まれるわけではない。映画は教えられるより感じたい、という人もいるだろうし、だから今作の批評は賛否ある。でも南北戦争や戦後の再建について、『こんな人たちが当時いたんだ』と感じ入ることができる。監督ゲイリーも、それを伝えたかったと思う」

そうしたなか、映画業界はDVD販売やインターネット配信の増加で構造変革を強いられ、2007年には全米脚本家組合による大規模ストライキが起きて混乱に陥る。「その影響で、ハリウッドではさまざまな契約がどんどん立ち消えとなった。『この状況では「ニュートン・ナイト」のような大人の映画の製作は難しくなる』なんてメディアに書かれたりしたよ」とブルースは笑って振り返る。

ストライキは収束したものの、若い世代はますます映画館へ足を運ばなくなった。スタジオ大手はコケるリスクを恐れて事前の市場調査に腐心し、ヒット作のリメイクや続編ものに一層資金を投じるように。「大人の映画」は資金繰りにますます苦労するようになった。

今作の主役マシュー・マコノヒーが『ダラス・バイヤーズクラブ』（2013年）でアカデミー主演男優賞をとって追い風となったが、さらに大きな助けとなったのが、中国マネーだ。

今作の米国での配給権を買ったのは米STXエンターテインメント。米スタジオ大手がアメコミヒーロー映画などにリソースを注ぐなか、それに背を向けた「大人の映画」作りを進めようと2014年、米投資会社や中国の弘毅投資などの出資で設立された新興の映画スタジオだ。

製作には、そのSTXと提携した中国の映画製作・配給大手、華誼兄弟伝媒が加わった。ブルースいわく、「STXは中国マネーの支援を得ており、その額はとてつもない」。それでいて製作にあたり、何ら条件をつけられることもなかったという。実際、今作を観客として見る限り、中国マネーの影響は感じられない。

ちなみに、ニュートンの曽孫デイヴィスが異人種間結婚で裁かれるような悲劇に全米規模でピリオドを打つ道を開いた実在の夫妻を描いた『ラビング　愛という名前のふたり』が、同じく2016年に公開された。こちらも製作を主に担ったのはハリウッドの大手スタジオではなく、英国の気骨あるプロデューサーが中心。詳しくは『アイ・イン・ザ・スカイ　世界一安全な戦場』（2015年）の項（241ページ）でご紹介する。

トランプ政権誕生で、中国マネーの行方は？

中国の映画市場が2012年に日本を抜いて北米に次ぐ世界2位の規模となったのと相前後して、ハリウッドは中国との関係を強めてきた。中国の映画業界はノウハウを吸収しようとして、潤沢な資本をハリウッドに投下してきた。

STXは2016年8月、中国のIT大手テンセントや香港の通信大手PCCWからも出資を受けたと発表。また米メディアによると、STXは2015年、華誼兄弟と複数の映画を共同製作する契約を結んだ。さらに、中国の不動産・商業施設大手の大連万達集団（ワンダ・グループ）は2016年1月、米大手映画製作会社レジェンダリー・エンターテインメントの買収を発表、傘下に収めた。中国マネーは今後も、ハリウッド大手に対抗した「大人の映画」作りを外から支えていくこととなる。

別の映画で中国と直接かかわったことがあるブルースは、こう分析する。「中国企業はSTXに投資し、『ニュートン・ナイト』にもかかわったことで、アカデミー賞受賞者ともつながった。中国の映画界は、批判精神やクリエーティビティが彼らにもあるのだと認められたがっている。そのためにも、欧米企業と提携する」

私はロサンゼルス支局に赴任していた2014年、ハリウッドと中国の蜜月関係について記事を書いたことがある。当時は、中国での上映を期した米スタジオが中国にマイナスとなる設定を変えたり、中国製品を脈絡なく作品に登場させたりするさまを目の当たりにし、「表現の自由を標榜する割に、中国マネーにたやすく屈してるハリウッドってなんなの」と失望しつつ取材した。

だが今回改めて思うのは、もはや中国を利するとあからさまにわかる作品はさすがに観客にそっぽを向かれることを、中国の映画人も理解しているということだ。華誼兄弟の創業者で会長の王中磊《ワンチョンレイ》は中国版ツイッター「微博」で2015年、中国政府肝いりの映画が優先される中国の興行状況を暗に批判し、米中で報じられた。中国の映画市場の伸びが以前ほどではなくなってきたなか、「中国マネー」をひとくくりに論じられないのは当然と言えば当然だ。

映画をめぐる米中関係といえば2012年2月、すでに中国国家主席に就任すると目されていた国家副主席・習近平《シーチンピン》が訪米、ロサンゼルスで当時の米副大統領バイデンと握手を交わし、ハリウッドの映画関係者と会談するさまを追ったことがある。これにより、中国での米映画の上映枠は20作品から34作品に増え、米国側が受け取る収益の割合も引き上げられ、ハリウッドはわいた。

この2国間の取り決めは5年後に再協議されることとなっており、その期限をトランプ政権下の2017年2月に迎えたわけだが。

トランプ米大統領が新設した国家通商会議の委員長に就任したピーター・ナヴァロは、経済学者として2011年、中国脅威論をうたった共著『Death by China（中国による死）（原題）』を刊行。これに基づく長編ドキュメンタリー『Death by China（原題）』（2012年）も監督、ユーチューブで無料で見られるようにしたうえで、冒頭、「米国の防衛に手を貸してほしい、家族を守れ、メード・イン・チャイナを買うな」と呼びかけている。ナレーションは『地獄の黙示録』（1979年）にも出演した俳優マーティン・シーンだ。

トランプが米通商代表部（USTR）代表に指名したロバート・ライトハイザーも対中強硬派として知られ、1980年代の日米貿易摩擦ではUSTR次席代表として強い姿勢で臨んだ。

こうした布陣のトランプ政権下、米中の映画ビジネスはどうなるだろう。

ブルースは言う。「影響はありうるだろう。中国は自分たちが敬意を払われていないと感じたら、したいようにするところがある。『我々がハリウッドを必要とする以上に、ハリウッドの方が中国を必要としている。我々には十分な映画市場がある』と言って、外国映画の輸入枠や税制に変更を加えるかもしれない。米国がもし中国製品に関税をかけたら、彼らは米映画に関税をかけるだろう。危険なことだ。威張り散らし、俺たちは大国だから言うことを聞け、なんてことはできない。米国はもはや、以前のような大国ではないのだから」

第三部

スクリーンが映す激動の世界

交わらないふたつの世界

『海は燃えている～イタリア最南端の小さな島～』

人口の10倍の難民が漂着する島

私たちの現在位置は――。『海は燃えている～イタリア最南端の小さな島～』（原題 Fuocoammare／英題 Fire at Sea）（2016年）は、そんな問いを突きつけるドキュメンタリーだ。中東・アフリカからの難民や移民が押し寄せるイタリアのランペドゥーサ島の現実を切り取り、ベルリン国際映画祭で金熊賞を受賞した。来日したジャンフランコ・ロージ監督に、欧州の深刻な難民危機を踏まえてインタビューした。

地中海に浮かぶ伊シチリア州のランペドゥーサ島は、イタリア本土よりもチュニジアに近く、北アフリカに最も近接した欧州だ。国連難民高等弁務官事務所（UNHCR）によると、2016年に18万人以上が海を越えてイタリアへ渡り、うち29％がランペドゥーサ島をはじめとする沖合にたどり着いた。

面積は鹿児島県与論島とほぼ同じ約20平方キロメートルで、人口はわずか約5500人。年間でその9〜10倍もの難民・移民を受け止めていることになる。彼らが着の身着のままで飛び乗るすし詰めの船旅は過酷で、船底で油やガスまみれになったり、船自体が沈没したりして、大勢が命を落としてきた。

ドキュメンタリーはそうした彼らの悲痛な状況や、救助にあたるイタリア海軍の沿岸警備隊、島の医師ピエトロ・バルトロの献身にカメラを向ける一方で、そんなことはまるで遠いニュースかのように暮らす島の漁師一家や少年サムエレらの日常を写し取る。

ロージ監督いわく、島は「戦争や飢えといった災難や悲劇から逃れようとする人たちにとって長らく欧州の玄関口で、自由を表す灯台のようなもの」。当初は10分の短編を作る予定で島に入ったが、「こんな複雑な物語を10分では描ききれないと思った。そこで約1年半滞在し、ゆっくり時間をかけて、映画に登場する人たちと出会っていった」

最も重要な出会いは、医師バルトロだという。バルトロはサムエレの弱視の左目の治療にあたる一方で、「難民救援の最前線にずっといて、彼らと島の人々のふたつの世界をつなぐ人物であり続けてきた。小さい島ながら住民たちは、難民たちとは遭遇しない『もうひとつの世界』にいる」とロージ監督は言う。

「ランペドゥーサ島について語られる際は常に、難民・移民の悲劇と関連づけられてきた。逆に、住民たちは忘れ去られているかのようだ。この島の知られざる側面を語り、従来の一面的な見方を変える必要を感じた」

「もうひとつの世界」の主役をサムエレとしたのは、「子どもは難民・移民問題に取り組む義務を負っていないからだ」とロージ監督。「フィクション映画なら、サムエレら子どもたちを難民や移民たちがいるセンターや、彼らがたどり着く港に連れて行って引き合わせただろう。だが彼らの日々の暮らしにおいて、そうしたことは起きていない。不自然なことを無理強いしたりはしなかった」

ロージ監督は補足した。「現実に生きる人たちを扱うドキュメンタリーにおいて、脚本を書いたりなどしない。物語につき従ってゆけば、ともかく現実が私の前で展開してゆくんだ」

この過酷な状況を世界に見せる義務がある

ロージ監督は今作を完成後、島で上映した。すると、「住民たちは驚いていた。ランペドゥーサ島が難民問題の中心となっていることすら知らない人がいたんだ」。

小さな島で、なぜこうも互いに交わらず、いわば分断されているのか。リサーチも重ねたロージ監督は言う。

「ある時期から、船でやって来た難民たちが島の手前の海上でいったん留め置かれるようになったためだ。彼らはたいてい真夜中に、海軍に素早く連れて行かれる。島で過ごす時間は実質わずかだ。以前は島の子どもがナイジェリアからの子どもとサッカーボールを蹴り合う光景を見ることもできたが、今は無理だろう。物理的に、遭遇はほぼなくなっている。住民たちの難民への認識は、テレビやラジオを通してしか知らない私たちとほとんど同じとなっている」

そうしてロージ監督はつけ加えた。「互いにふたつの世界が交わらないこの状況こそが、今の欧州を表すメタファー（隠喩）なのだ」

撮影にあたり、ロージ監督は難民救援にあたる海軍の船に40日間乗船した。「彼らは助けを求める声が聞こえればいつでも駆けつけ、助けていた。救助によって難民がどれだけ増えるかなど気にせず、ただ道徳的な責務として救いの手を差し伸べていた。海は時に波が高くなり、救助側にも危険を伴う。私は特に軍が好きというわけではないが、彼らの人道的な様子を目の当たりにして、とても感動した」

そのうえ海軍からは、「何を撮っているのか聞かれることも、映像を見せろと言われることも、公開前に承認を得るよう命じられることもなかった。政治的なダメージにつながりかねないリスクを想定して口を出すこともありえただろうに、ものすごく信頼してくれた」。それはすごい、と私も思う。

ロージ監督が出会った難民・移民たちの多くは「ほとんど何も持っていなかった。多くは靴もはいていなかった」という。中にはID（身分証明書）だけを大事にくるんで持っていた人もいて、それは映画でも映し出されている。「その多くはシリアからだった。水に濡れないよう、必死に。欧州で身を守るための唯一の証明だからね」とロージ監督は言う。

救助船で行動をともにするにつれ、ロージ監督もついに難民の死に直面する。「海上で命を落とす人たち、船底でガスを吸い込んで亡くなった人たち……。ナチス強制収容所のガス室はこのようなものだろうか、というありさまだった。私は船の指揮官に言われた。『この場面を映画に撮れ』と。いかに過酷な状況か、世界に見せる義務を私は負っているのだと」

難民認定28人、日本の政治的敗北

青年期をローマやイスタンブールで過ごし、ニューヨーク大学で映画を学んだロージ監督はイタリアと米国の両国籍を持つが、出身はアフリカ北東部エリトリアだ。13歳の頃、エチオピアからの独立を求めて勃発したエリトリア独立戦争から逃れるためイタリアへ移住した。ランペドゥーサ島にはエリトリアからの難民も押し寄せている。

「私の過去はもちろん私の一部。だが私がアフリカ出身だという点は意識せずに撮った。これは全世界にとっての悲劇で、全世界が尽力すべき問題だからだ」

中東やアフリカから地中海を渡って欧州をめざす難民・移民たちは、民主化運動「アラブの春」などをきっかけに急増。シリアの内戦激化でさらに加速、対岸のイタリアやギリシャを中心に上陸が殺到している。彼らは欧米諸国の受け入れを望みながら、多くが立ち往生。このためEUは2015年、難民16万人を加盟国で分担して受け入れることを決めた。だがハンガリーなど東欧諸国は強硬に反対。ドイツ紙ウェルトによると、分担が進まない状況を鑑み、難民申請者が滞留しているイタリアとギリシャからドイツが率先して受け入れる、とメルケル・ドイツ首相は語った。だが、そうしたメルケル首相の寛容な難民政策への反発は足元でも広がっている。

ロージ監督は言う。「難民や移民が他の地域に行けずランペドゥーサ島に滞在し続けたら、おそらく危機的な状況となるだろう。いや、すでにそうなっている。ハンガリーやポーランドの受け入れ拒否は今後、大きな政治危機となっていくだろう。英国のEU離脱も難民問題には間違いなくマイナスで、きわめて危険な結果をもたらすと思う。私たちは、今起きていることへの解が見いだせていない」

そんな政治的緊張をよそに、今作はベルリン国際映画祭で2016年2月に上映されるや喝采を浴び、最高賞の金熊賞を受賞。審査員長のメリル・ストリープは「緊急性のある、なくてはならない映画」と賛辞を贈った。

膨大な難民を擁しきれない窮状を訴えるきっかけにと思ったのか、当時のイタリア首相レンツィは他のEU加盟27カ国の首脳に今作のDVDを配ったという。欧州議会でも招待上映され、ロージ監督によると「この映画をめぐって議会でものすごく議論された」そうだ。

とはいえ、日本でこんなことを語ること自体、本来おこがましい。言うまでもなく、日本の難民受け入れ数はきわめて少ない。法務省によると、難民認定を申請した人は2016年で1万901人と、初めて1万人を超えた。一方、同年に難民と認定されたのはわずか28人だ。

「日本は豊かで重要な国。これだけしか認定しないのは政治的な敗北だ」とロージ監督。そのうえで、こう語った。「だがこうした政治的敗北が起きているのは日本に限らない。世界中だ。自由を求めて多くの人が命を落としていることへの責任から逃げることなく、世界がひとつになって取り組むべきで、どの国も役割を果たすべきだろう」

映画では冒頭、助けを求める難民に海軍が「現在位置は？」「位置をどうぞ」と呼びかける場面がある。「これもメタファーだ。映画を見た人は、この悲劇に対して自分たちがどの位置にいるのか自問してほしい」

ロージ監督にインタビューした約1カ月後、カンヌ国際映画祭の常連でベルギーを代表する兄弟監督、ジャン＝ピエール・ダルデンヌとリュック・ダルデンヌにインタビューした。呼び鈴を鳴らされたものの診療時間外で応じなかった翌朝、黒人の少女が川辺で遺体で発見され、自責の念にかられて奔走する医師が主人公の『午後8時の訪問者』（2016年）の公開前の来日だ。ジャン＝ピエール監督の言葉に、ロージ監督の思いが響き合うようだった。「国を逃れてボートで欧州をめざす大量の移民や難民に対し、欧州は扉を閉ざし、多くが地中海で亡くなっている。この映画はそうした状況と、医師が扉を開けなかったがために不法滞在の少女が水辺で死んでしまう物語とを重ね合わせているんです」

「優等生ドイツ」のもうひとつの顔

『帰ってきたヒトラー』

カメラの前で外国人排斥を口にする街の人たち

ドイツって、ヒトラー台頭の反省から歴史教育に力を入れ、難民や移民も積極的に受け入れてきた「優等生」じゃなかったっけ?? ドイツ映画『帰ってきたヒトラー』（原題 Er ist wieder da／英題 Look Who's Back）（2015年）を見て、暗澹《あんたん》たる思いに包まれた。

舞台は21世紀のベルリン。1945年に自殺したはずのアドルフ・ヒトラー（オリバー・マスッチ）が突如よみがえる。道行く人に「役者かコスプレ芸人？」とおもしろがられ、テレビディレクターをクビになったばかりのファビアン・ザヴァツキ（ファビアン・ブッシュ）に見いだされてバラエティ番組に出始める。ヒトラーは、得意の巧みな発声や間合いで既存政治や貧困の蔓延《まんえん》を批判、テレビやネットで人気者になっていく――。同名ベストセラー小説の映画化だが、小説にはない要素が組み込まれた。

「ヒトラー」が一般の人たちと接する場面の大半を台本なしでゲリラ的に撮影し、どんな反応を示すのかという「現実」を写し取ったのだ。「本当に彼がよみがえったら何が起きるのか、答えを得たかった」というデヴィッド・ヴェンド監督の狙いだ。

映画の後半、旧東ドイツ地域の酒場でヒトラーが「夜にドイツを思うと眠れなくなる」と演説をぶつ。超ショートヘアの女性客は「聞いてて涙が出た」「国のために死ねる」とうっとり。

オリバー・マスッチ

「その気概が必要だ」と応じるヒトラーに、男性客は「俺もやるよ」とがっちり握手した。

これも、台本なしですか？　日本での公開を前に来日した主演オリバー・マスッチに都内で聞くと、「その通り。すべてプロの俳優ではない一般客で、会話は僕の一言を除いて即興だったよ」。

撮影でドイツ各地を回った約9カ月間、マスッチはずっと「ヒトラー」でいなければならなかった。

インタビュー中、彼の顔を見ながらつくづく思ったが、ニュース映像で見るヒトラーとは似ていない。身長も15センチほど高い。だからこそ、象徴的な口ひげに人工の鼻など特殊メイクに毎回2時間くらいかかった。つまり、おいそれとは素顔に戻れない。「食事どきもトイレに行く時も、ヒトラーのまんま。小説と同じように、周りは僕を見て笑い、『何をしてるの？』と集まってきた。その間、ずっとカメラが回っていたよ」

時には怖がって逃げ出す人もいた。だが行く先々で人気を呼び、スマートフォンなどで一緒に自撮りに応じた数は約2万5000回。「まるでポップスターだった」と振り返る。

「カメラの前で（一般の人が）本音を言うわけがない」。最初は周りにそう言われたそうだ。ところが、彼自身も驚いたことに、「撮影されていることがわかっていても、外国人排斥や人種差別を口にする人がいたんだ」。

映画には盛り込まれなかった、信じがたいエピソードを教えてくれた。ヒトラーになりきったマスッチが、集まった人たちに「政府から手当をもらう失業者をどう思うか？」と水を向けた。すると「強制的に働かせればいいんだ」と声が上がった。「まさに私が1933年に始めたことだ。強制収容所をまた立ち上げるのか？」とたたみかけると、返ってきたのは、「いいね！」。

テスト撮影ではこんなことも。旧東ドイツ地域の別のレストランに入ると、客はゼロ、テレビは壊れたまま。「お金がない」と言う店の女性に、マスッチが「誰のせいだろう」と聞くと、「外国人」。「ところで何人の外国人をこの地で見たことがある？」と尋ねると、彼女は「いや、ひとりも見たことはない」。

知識層が直視したくない現実

映画はドイツでヒットした一方で、「知識層」からは批判の声も上がったという。「こんなこと、起きっこない」。想像に難くない。歴史教育や周辺国との和解に力を入れてきた国として、認めたくない層はいるだろう。マスッチは言う。「10年前ならこんな撮影は成り立たなかっただろう。でも今は一線を越える人がいる。現実を直視しないといけない」

撮影の翌年にはパリ同時多発テロやケルン女性暴行事件が起き、難民への感情は悪化している。今撮ればもっと激しい言葉が飛び出すのでは。マスッチは撮影で接した極右政党「ドイツ国家民主党（ＮＰＤ）」党員に「今はわずかな勢力だが、あなたがいれば拡大できる」と言われたそうだ。その言葉は、現実味を帯びて響く。

それにしても、ヒトラーを主役にして真正面から風刺した映画が、戦後あっただろうか。

米大手スタジオの創業者をはじめ、著名な監督や俳優にもユダヤ系が目立つハリウッドでは、ヒトラーは主に狂気のサイコパスとして描かれてきた。風刺映画としてはチャプリン製作・監督・脚本・主演の名作米映画『独裁者』があるが、公開は１９４０年。チャプリン自身は１９６４年の自伝で「強制収容所の本当の恐ろしさを知っていたらこの映画は作れなかったし、ナチスの殺人的狂気を笑うことはできなかっただろう」と書いている。

つまりユダヤ人大量虐殺が明らかになった戦後は、ヒトラーを風刺の対象とすること自体、はばかられてきた。彼の人間味を描くことすら、アカデミー外国語映画賞ノミネートのブルーノ・ガンツ主演『ヒトラー～最期の12日間～』(独・伊・オーストリア)(2004年)でやっと解禁になった感がある。2007年のドイツ映画『わが教え子、ヒトラー』はヒトラーをユーモラスに描いて批判を浴びた。

マスッチの話を聞いて、考えさせられたことがある。彼は役作りのため、約500本に及ぶ映像や録音を見たり聞いたりして、ヒトラーの話しぶりを練習したという。とりわけ参考になったのが、列車内で自然に話す彼の貴重な普段の口調だった。「とても深みのあるソフトな声。プロパガンダ映画とはまったく違った」という。「そこで僕も街の人に、とても優しく、まるで父親のように、彼らの抱える問題に関心を寄せているという態度で接した。すると彼らは心を開き、本音を話し始めたんだ」

ちなみにこの列車内の録音は、フィンランド軍最高司令官との会話。『ヒトラー演説　熱狂の真実』の著者で、ヒトラーの約150万語を分析した高田博行・学習院大学教授に聞くと、「音声技術者が危険を覚悟で隠し録りしたんですよ。信じられないくらい穏やか」と解説してくれた。

こうしたヒトラーの「多面性」に多くの映画がいわば見て見ぬふりをしてきた。その意味でも今回の作品は画期的だ。

原作の邦訳文庫版に解説を書いたドイツ語翻訳・通訳者マライ・メントラインがこう読み解いてくれた。「ドイツでは『いつまで謝らなきゃいけない？』『自分のせいじゃないのに』と言う世代が出ている。ナチスの記憶をどう継承するか、ドイツはある種ゆきづまっていて、その危機感がこの作品の登場を促したのではないか」

日本にとって、決してひとごとではない。

「トルコの敵」と酷評された告発の映画

『裸足の季節』

男女平等や避妊を否定する大統領のいる国で

『裸足の季節』（フランス・トルコ・ドイツ、原題 Mustang）（2015年）は、トルコ黒海沿岸の小さな村が舞台。両親を10年前に事故で亡くし、祖母や叔父エロルのもとで育つ5人姉妹はある日、学校からの帰り、海辺で男の子たちに肩車されてはしゃぐ姿を近所の女性にみとがめられる。「ふしだらだ」「売春婦のようだ」。エロルの逆鱗《げきりん》に触れ、電話もネットも、おしゃれなアクセサリーに服も取り上げられ、外出を禁じられる。学校にも行けず「花嫁修業」を強制され、ひとりまたひとりと結婚相手をあてがわれるうち、悲劇が起きる。末っ子ラーレは自由を求めて意を決する――。

アカデミー外国語映画賞やゴールデングローブ外国語映画賞にノミネート、フランス版アカデミー賞と言われるセザール賞で4冠、カンヌ国際映画祭でヨーロッパ・シネマ・レーベル賞を受賞。新人デニズ・ガムゼ・エルギュヴェン監督が撮った本作は、長編デビュー作にもかかわらず、欧米の映画祭や賞レースで称賛を受けた。世界的に、まだまだ少ない女性監督。2016年2月のアカデミー賞授賞式は私も会場入りしたが、「フィクション部門で唯一の女性オスカー候補監督」として注目されていた。

日本からは遠く離れたトルコの話。でも、はしゃいだり、かわいい服でポーズをとってみたり、サッカーの試合に熱狂して声を上げたり、時に姉妹で言い合ったりする少女たちの場面を見ると、誰もが感じるはずだ。育った環境は違っても、10代くらいの女の子っておんなじだなあ、と。5人姉妹役は、ひとりを除いて演技経験がゼロ。だからこそと言うべきか、画面いっぱいにみずみずしさが満ちている。

その彼女たち、そしてエルギュヴェン監督が2016年6月、日本での公開を前に来日した。両肩を出したワンピースに、ひざ上丈のスカート、歩きやすい白スニーカー。都内の記者会見場に現れた彼女たちは、はつらつとしたいでたちだった。

「私は非常にオープンな家庭で育ちました。本格的に俳優の仕事をするためまもなく米ロサンゼルスに移りますが、そうした将来についても、家族は『自分が幸せだと感じるならどんな仕事でもいい。自分で選びなさい』と言って、私を常に支えてくれました」。末っ子ラーレを演じたギュネシ・シェンソイは話した。

トルコは人口の99%がイスラム教徒だが、1923年の建国以来、政教分離を貫き、「世俗主義」を国是としてきた。女性の国政参政権も、日本に先立つ1934年に実現。都市部では結婚前の男女が同居する例も目立つそうだ。たしかに、少女俳優たちの話しぶりからも、のびのびとした感じが伝わってくる。彼女たちは、パリ在住のひとりを除き、最大都市イスタンブールで育った。

「でも残念ながらトルコには、今回の映画に見られるような家族もいます」。四女ヌルを演じたドア・ドゥウシルはつけ加えた。

エルギュヴェン監督は言う。「トルコは非常に自由で近代的な暮らしをしている女性がいる一方で、とても保守的な生活を送る女性たちもいます。この二者の隔たりは大きい」

家父長的な考え方が強いトルコでは、男親、ないし男性の世帯主がどんな考え方かによって境遇が大きく違ってくるのだそうだ。特に映画の舞台となった黒海沿岸は、「非常に保守的な地域」(エルギュヴェン監督)。結婚相手を父親が決める例も少なくないという。

最近は、イスラム色を強めるエルドアン大統領が男女平等や避妊を否定する発言を繰り返している。エルドアン大統領の両親は、黒海沿岸の出身。叔父エロルは大統領に重なって見える。

都市部は自由、とも単純には言えない。姉妹がカゴの鳥となるきっかけとなった「肩車事件」は、首都アンカラ生まれのエルギュヴェン監督の実体験に基づく。

「ピュアな遊びであっても、女性がすることはすべて性的なものと結びつけて見られ、反発を受けてしまう。女性は性的なだけの存在ではない、体だけではないんだ、ということを訴えたかった」。エルギュヴェン監督は記者会見でそう語った。世界経済フォーラムによるジェンダー・ギャップ指数が世界111位（2016年）の日本にも響く言葉だ。

トルコが舞台の映画がフランス代表として出品される意味

トルコで公開されると、見方は真っ二つに割れた。

「非常にあたたかく受け止めてくれた人もいれば、逆の方向で、悪い解釈をする人もいました」。エルギュヴェン監督は穏当な表現でそう説明したが、欧米メディアの当時の報道を見る限り、そんな生やさしいものではない。

「おまえはトルコの敵」「巨大なウソの映画だ」「最も不快に計算された形で欧米向けに作られた作品」「欧米は賞を出して楽しんでいればいいよ、私たちはノーサンキューだけどね」。匿名の書き込みだけでなく、評論家も実名で酷評した。「この時間、彼女はこのテレビ局にいるよ」と、居場所をさらす書き込みもネットでなされた。

実は、この作品はアカデミー外国語映画賞に、フランス代表として出品された。全編トルコ語で、舞台もトルコの映画であるにもかかわらずだ。フランス側の出資比率が高かったためとのことだが、米紙ニューヨーク・タイムズは「トルコの選考委員会は、必ずしもトルコの良い面を描いていないこの映画の出品を控えた」としている。

とまれ、エルギュヴェン監督は、これで世界市場への切符を手にした。次回作『Kings（原題）』は、人種問題を背景に起きた１９９２年のロサンゼルス暴動を題材にする。アフリカ史を研究して修士号を得た彼女は、『裸足の季節』の企画以前からロサンゼルスに通って取材を重ね、構想を練っていたが、長編の実績もなかった当時の彼女に資金はつかなかった。

それが「今回の作品のおかげでやれることになった」と、エルギュヴェン監督は記者会見を締めくくった。黒人女性として初めてアカデミー主演女優賞に輝いたハル・ベリーや、００７シリーズで知られるダニエル・クレイグらが出演する。

トルコ社会への告発に賛辞を贈った米国が、今度は人種問題という自らの闇を外から突きつけられる番、ということでもある。

サンパウロ最大のスラム街の現実と希望

『ストリート・オーケストラ』

麻薬ディーラーの話にも耳を傾ける

実際のできごとをもとにした映画を、まさにその地域で人々に演じてもらいながら撮影すると、覆いをかけていたトラウマが呼び覚まされてしまう——。犯罪が絶えないサンパウロ最大のファベーラ（スラム街）を舞台にしたブラジル映画『ストリート・オーケストラ』（原題Tudo Que Aprendemos Juntos／英題The Violin Teacher）（2015年）。公開に先立ち来日したセルジオ・マシャード監督に東京でインタビューし、映画が地域社会にもたらす効果について考えさせられた。

作品の舞台は、小さく質素な家々がひしめく広大なファベーラ、エリオポリス地区。かつて神童と呼ばれたバイオリニストのラエルチ（ラザロ・ハーモス）は、サンパウロ交響楽団のオーディションに落ちて家賃の支払いにも困った末、NGO「バカレリ協会」が支援するエリオポリスの学校で、10代の生徒に教えるバイオリン教師となる。貧しく複雑な家庭で育った彼らの多くは楽譜を読めず、練習中にすぐけんかになり、妊娠中の少女もいたが、ラエルチが路上でギャングにすごまれるも名演奏で黙らせたことを知るにつれ、音楽の力に目覚め、隠れた才能を発揮し、生きがいを見いだしてゆく。そうして生まれた「エリオポリス交響楽団」の実話に基づく物語だ。

ブラジルは2016年にリオデジャネイロ五輪の開催でにぎわったが、一方で銃撃などの事件はなおも絶えず、足元の治安悪化は深刻だ。「そうしたブラジルの暴力や不正などの問題を描いた映画はたくさんあるけれど、私は同時にその解決策や希望を、映画で示したかった」とマシャード監督は言う。

製作にあたり、脚本のマルタ・ネリングがエリオポリスに一時住んだ。一方、マシャード監督は地区を歩きに歩いて、登場人物をはじめ地域で暮らす人たち、また麻薬ディーラーなどギャングらの話にも耳を傾けた。現実をできるだけ物語に取り込むためだ。

マシャード監督は、街の案内役となったエリオポリス交響楽団の草創期からのビオラ奏者、グラジエラ・テイセイラの話に衝撃を受けた。彼女の父や元夫は麻薬ディーラーで、5歳くらいの時、父と歩いていて手に銃を持たされた。父は抗争相手に近づくや彼女の手を取り、その手に銃を握らせたまま引き金を引いたという。「父親が娘にそんなことをするなんて、信じられなかったよ」と言うマシャード監督は、そうした現状を物語の背景に織り込みながら撮影に臨んだ。彼女の兄は偽のクレジットカードを作っていたといい、劇中でカードのスキミングに手を染めた生徒、VR（エウジオ・ヴィエイラ）の描写につながった。

VRを演じたヴィエイラをはじめ、登場する少年や少女はみんな、エリオポリスをはじめとしたファベーラの出身。ほとんどの場面はエリオポリスで撮影した。劇中、教師ラエルチが土曜も練習しようと提案して異論が起きるなか、ひとりの少女が叫ぶ場面がある。「ずっとつらかった。母さんは自分の子どもの数も忘れてる。私なんか無視。でもここに来ると思えるんだ。『自分にも価値がある』って」

そんなセリフを口にする撮影の途中、彼女は素に戻って泣き出した。「本当の私は生まれてすぐ、ごみ箱に捨てられた。見つかった時、お父さんもお母さんも誰だかわからなかった」と生い立ちを語り始めた。マシャード監督はこれを受け、彼らに「自分の経験を持ち寄ってほしい」と呼びかけたそうだ。

主役ラエルチを演じたハーモスはブラジル映画界を代表するスター俳優だが、彼の生まれ育ちもファベーラだ。当初は主人公の友人役に決まっていたが、「これは自分の話だ。主人公は自分以外にいない」と手をあげ、脚本にも助言したという。

警官に射殺された少女が地域に残したトラウマ

作品の終盤、ある事件を機にエリオポリスの人たちが暴動を起こし、車に火を放って街を封鎖、警官隊とにらみ合う場面がある。事件の当事者となった少年について警察が事実とは違う発表をするなか、銃や盾で威嚇する警官隊に、住民たちは棍棒などを手に「警察は出ていけ！」「おまえらのせいだ」と立ち向かう。

この場面の撮影は大変だったそうだ。マシャード監督が「アクション！」と言ってカメラが回るや、演じる地元の人たちが、制服を着た警官隊の役者たちに本気で殴りかかったためだ。マシャード監督は何度も「彼らは本物の警官じゃない。役者だ」と説いてなだめ、止めに入ったが、「しばらくなかなかコントロールできなかった」。警官役の何人かはけがを負ったという。

マシャード監督はもともと、「この場面はエリオポリスでは撮影しない方がいい。トラウマがあるし、あのような光景をみんな再び見たくはないから」と地元で忠告されていた。トラウマとは2009年、エリオポリスの17歳の少女が学校からの帰り、誤って発砲した警官の銃弾を受け死亡した事件と、それを機に起きた大規模な暴動だ。

マシャード監督は忠告に従い、ロケ地を近郊の別のファベーラに変えたが、演じた約300人ものエキストラはエリオポリスの人たち。当時に似た状況での撮影は、彼らの心に巣くっていた憤りをよみがえらせた。「それだけ警察への怒りが大きかったということだろう」とマシャード監督。最終的には、繰り返し話をすることで落ち着いていったそうだ。

聞いているうち、この映画撮影は、地域の人や少年、少女たちにとっては過去を見つめ乗り越えるきっかけになったのではないかと思えてきた。そう言うと、マシャード監督も「ある程度、癒しにつながったのではないか。彼らは次第に自分に誇りを持つようにもなったから」とうなずいた。それを示すかのように、映画の完成後、エリオポリスの中心部に大スクリーンを構えて上映会を開くと、地元から大勢が集まった。「実に感動的だった」。少年や少女の多くはその後も演技の勉強を続け、マシャード監督は彼らを次回作のテレビシリーズで起用するつもりだ、と話した。

エリオポリスでは今も、犯罪がどこかで起きている。だがマシャード監督は「実際に訪れて人々に接すると、彼らは変わる機会を探していることがわかる。バカレリ協会は麻薬ディーラーにも敬意を払われていて、トラブルに見舞われたことはないとのことだ。麻薬ディーラーの子どもたちもそこで演奏しているわけだからね。私も問題に遭ったことは一度もないよ」。

逆に撮影中、怖かったのは警官の方だったという。「演技しているだけの役者を撃ったりしないか、とても恐れていた。警察は暴力的ですから」とマシャード監督は言う。

同じアメリカ大陸の米国でも、黒人男性が警官に射殺される事件が相次ぎ明るみに出て抗議が広がり、警官が銃撃される事件も起きている。マシャード監督は一連の撮影経験を踏まえてこう語る。「ブラジルで起きているのも同じことだ。いや、米国よりひどい。互いに憎しみ、恐れ、恐れるあまり発砲し、殺し合いになっている。悲劇だ」

地元の警官たちにもこの映画を見せてはどうでしょう？　そう言うと、マシャード監督は「おぉそれは考えたことがなかったよ、いいアイデアだね」と笑った。

母はファゴット奏者、父はピアニストと音楽一家に育ったマシャード監督。それまでエリオポリスに足を運んだことは一度もなかった。だが今や映画ができあがったあとも毎週のように通い、地区に溶け込んでいる。撮影中に見学に来た11歳の息子は感化されて「バイオリンを習いたい」と言い、その後も練習を続け、エリオポリス交響楽団のオーディションを受けることになったそうだ。

世界の著名人が「健さん」をたたえた

『健さん』

マイケル・ダグラスもマーティン・スコセッシも

ロサンゼルス特派員だった頃、米国の人たちと日本の俳優の話題になると、決まって出るのが「トシロウ・ミフネ」か「ケン・ワタナベ」で、同じケンさんでも故・高倉健さんを知る人には米国でついぞお目にかかったことがない。小学校3年で健さんのファンになった私は寂しく感じつつ、彼の寡黙なイメージは一般的な米国の価値観とは必ずしも合わないかもしれず、仕方のない気もしていた。それが実は、作品で直接かかわりのなかった何人もの著名な映画監督までもが信奉していたとは。健さんを知る日本と米国、中国、韓国の約40人にインタビューし、ゆかりの地を訪ねたドキュメンタリー『健さん』（2016年）を見て、そう感嘆した。

健さんは2014年に亡くなって以来、日本で数多くの人たちに語られてきたが、海外の声がこれだけまとまって映像になったのは画期的ではないか。撮影したニューヨーク在住の日比遊一監督に、東京都内でインタビューした。

「『律義』で『寡黙』で『手が届かない』、そんなカリスマにしてしまうだけではなく、映画俳優としていかに、どんな風にすごかったたか、世界の著名人の言葉できちんと残したかった。『高倉健』を知らない若い人たちに、健さんは日本が誇る俳優なのだと証明するためにも大事だと思った」。日比監督は言う。

海外勢のインタビュー映像を見ると、健さんへの畏敬の念がそれぞれ伝わってくる。米映画『ブラック・レイン』（1989年）で共演したマイケル・ダグラスは当時、アカデミー主演男優賞に輝いた『ウォール街』（1987年）などですでに押しも押されもせぬスターとなっていたが、「その彼が、健さんには『緊張した』って言ってましたからね」と日比監督は語る。

ダグラスのみならず、『ブラック・レイン』で撮影監督を務めたヤン・デ・ボン監督らも健さんをたたえてやまない。公開時は、これがハリウッドデビューかつ遺作となった故・松田優作の存在感がむしろ話題になっていたのを記憶しているだけに、驚きを感じる。いかにも日本的に一歩引いた役回りの健さんに、彼らも美学を感じたのか。

仕事で直接かかわったことのある映画人だけではない。マーティン・スコセッシ監督が健さんとひそかに書簡を交わしていたことも、ドキュメンタリーは浮き彫りにする。健さんは、スコセッシ監督のロバート・デ・ニーロ主演映画『レイジング・ブル』（1980年）が好きで何度も見たと生前公言していた。このため日比監督は、「スコセッシ監督とも接点があったんじゃないかと勘が働き、インタビューを申し込みました。でも手紙のやりとりもしていたというのには僕もびっくりしましたね」。

俳優や演出家、写真家、映画監督としてニューヨークを拠点に活動して30年になる日比監督はさまざまなツテを頼みにインタビューを重ねたが、スコセッシ監督については難渋したそうだ。半年待っても返事が来ず、「ダメだと思ってあきらめた」ところへ「今だったらいいよ」と連絡が届いたという。そんなスコセッシ監督が具体的に健さんをどんな風に語ったかは、ぜひ映像で味わってもらえればと思う。

香港のジョン・ウー監督は、『男たちの挽歌』（1986年）でチョウ・ユンファに、『フェイス／オフ』（1997年）でジョン・トラボルタやニコラス・ケイジに、『ミッション：インポッシブル2』（2000年）でトム・クルーズに、『レッドクリフ』前後編（2008・2009年）でトニー・レオンに演出する際、高倉健を常にイメージしたと語っている。中国では、『君よ憤怒の河を渉れ』（1976年）のヒットや、張芸謀《チャンイーモウ》・降旗康男監督の日中合作『単騎、千里を走る。』（2005年）などで映画界にも根強いファンがいるとはいえ、ハリウッドでも活動するウーにとってそんなに存在感が大きかったとは、日比監督も「広東語の通訳を聞いて耳を疑いました」と振り返る。

そして、彼らの多くが健さんの映画を撮ろうと試みた、とインタビューで語っている。健さん自身が断ったものもあれば、快諾したものの予算の問題などで実現しなかったものも。実現していたら世界でもっとその名が響き渡っていただろうにと思うが、その希少性もまた「健さん」なのかもしれない。

「どこにも所属しない人間」へのあこがれ

日比監督が健さんのとりこになったのは、1986年の渡米後だった。俳優としてオーディションを受け続けるなか、「まだよく言葉が通じず友人もいなくて寂しかった頃、持って行った健さんの映画のビデオを見たり、健さんについての書物を読んだりするようになった。そうしてどんどんひかれていきましたね」。

渡米のきっかけを作ったのはなんと松田優作だ。18歳で郷里・名古屋から東京に出て演技を学び、撮影現場で出会った15歳上の松田に「俺がおまえの年なら今すぐにでもニューヨークに行く」と言われ、「真に受けたんです」。その後、ニューヨークで松田やダグラスの『ブラック・レイン』の撮影を2度見に行ったというから、縁は異なものだ。

さて、私はなぜ小学校3年にして健さんファンになったのだろう。我ながら、長年の疑問ではあった。「健さん」は一般的には「男のなかの男」と称され、昭和期の「マッチョ」のイメージ。「何かをなすのに性別なんて関係ない」として生きてきた私とは、一見相いれなそうだ。

私の健さんとの出会いは『野性の証明』（1978年）だ。公開の翌年にテレビで放送されたのを見て、子ども心に鮮烈な印象を受けた。設定のリアリティうんぬんはさておき、健さん演じる自衛隊の味沢岳史・1等陸曹が巨悪に単身立ち向かう姿にしびれた。アイドル全盛時代、当時48歳の健さんの写真が載った新聞の切り抜きを後生大事に持ち歩くようになった9歳の私は、級友からも教師からも奇異に見られたのを覚えている。

そうなったワケについても、このドキュメンタリーからヒントをもらったように思う。健さん主演の『幸福の黄色いハンカチ』（1977年）や『遙かなる山の呼び声』（1980年）を撮った山田洋次監督の言葉がしみた。「健さんが似合うのは、どこにも所属しない人間、あぶれた人間、まともな管理社会に入りきれない人間。そんななかでこう、じっといろんなつらいことを耐えているというタイプに、大勢の日本人は無限の共感を寄せたんじゃないかな」

私は小さい頃、わりと大人に囲まれることが多かったせいか、あるいはもともとの性分によるところが大きいのか、静かに図書館に通ったり映画を見たり、ひとりで行動するのが好きだった。気の合う少数と話し込むのは楽しかったが、同級生とわいわい騒いで群れるのにはなじめず、スポーツも苦手で、それをからかう心ない級友もいた。それでも「人に合わせなくていいんだ」と「健さん」がスクリーンで示してくれた気がして、うれしくなったのかもしれない。

本当の健さん＝小田剛一は必ずしもそうではないかも、とは9歳なりに感じ取ってはいても。同じ頃、クリント・イーストウッドや故スティーブ・マックイーンの映画をよく見たのも同じ感覚なのだろう。大げさに聞こえるかもしれないが、このあたりを機に私は、「彼らの映画のように、知らないうちに個人が押しつぶされていくようなことが世の中にはいっぱいあるんだ」と幼心に思い、新聞記者を志すようになった。人生、何がきっかけを作っていくのかわからない。

マックイーンにも連なる「健さん」像に共感するのは日本の人たちだけではないはず、とあらためて思う。日比監督は言う。「海外で本もいっぱい出た三船敏郎さんに比べて、健さんを世界できちんと解説する人がいなかったんじゃないかと思いますね。日本の人にもその価値をもっと知ってほしいし、それ以上に世界の人に知ってもらいたい。このドキュメンタリーはあちこちで上映したいですね」。日本公開に先立ち、上海国際映画祭でお披露目され、モントリオール世界映画祭でも上映された。モントリオールは健さんが降旗監督の『鉄道員《ぽっぽや》』（1999年）で日本人初の主演男優賞を受賞した場でもある。

海外で「健さん」がさらに広く語られるようになる日が、待ち遠しい。

クラウドファンディングは単なるお金集めではない

『はじまりはヒップホップ』

平均年齢83歳のヒップホップグループ

世界最高齢のダンスグループを描いたニュージーランドのドキュメンタリー『はじまりはヒップホップ』（原題 Hip Hop-eration）（２０１４年）の日本公開の前週、東京にやって来た出演メンバー5人にインタビューした。70〜80代の彼らの来日費用を捻出したのは、日本からネットで関心を寄せた一般の人たちだった。

構想から公開まで、多くの人手やお金、年月が費やされる映画。世界中、ひとりでも多くの人に見てもらうには宣伝が欠かせない。だが、たとえば多くの観客動員を見込める大作モノであれば、買いつけた配給会社も多額の予算を組み、著名な出演俳優らを招いたプロモーションも打ち出しやすいが、単館系のドキュメンタリーだと至難の業。しかも出演者はまったく無名の高齢者が中心となると、本来はなかなか難しいのが実情だ。

作品の舞台は島国ニュージーランドのさらに小さな島、人口わずか約8000人のワイヘキ。そこで暮らす高齢の男女が人生で初めてヒップホップを教わり、平均年齢83歳のグループ「ヒップ・オペレーション・クルー（The Hip Op-eration Crew）」を結成、2013年に米ラスベガスの世界大会に出場するまでを追った。グループ名の由来は、全員がヒップ（腰）にオペレーション（手術）を受けているから、というのがまた愛嬌《あいきょう》だ。

本国では2014年に公開、2015年には米国やドイツなど欧州でも上映された本作の配給権を、日本はポニーキャニオンが買った。札幌から那覇まで全国で順次公開されたが、いずれもミニシアターだ。

年齢をものともしないパフォーマンスを見せるこのグループは、世界でじわりと人気を広げてきた。ニュージーランドの最大都市オークランドの雑踏で突如踊り始めるフラッシュモブを披露した動画は、「世界最高齢のフラッシュモブ」としてユーチューブで何百万回と再生されている。

個性あふれるメンバーを日本に招けば話題になるのでは。でも予算的には厳しい——。ポニーキャニオンは、クラウドファンディングのウェブサイト「モーションギャラリー」で「映画『はじまりはヒップホップ』ギネス認定！〝世界最高齢のダンスグループ〟を日本に呼びたい！」と掲げ、一口1000～5万円の出資を募った。「リターン」は映画の鑑賞券やDVD、ニュージーランドのワインかはちみつ、来日メンバーとめぐる都内ツアーなど。モーションギャラリーの会員や、ツイッターやフェイスブックといったソーシャルメディアを通じて広めた結果、56人から、目標額を上回る計110万9000円が集まった。

これを渡航費や8日間の滞在費などに充てて、日本公開当時の全メンバー7人のうち5人を東京に招いた。ポニーキャニオンとしても初の試みで、「クラウドファンディングがなければ来日は難しかった」そうだ。

モーションギャラリーの大高健志社長によると、映画の製作や劇場公開、または海外の映画を日本で上映するための費用をクラウドファンディングで募る例は年々増えているという。映画を劇場で見る人の数は、長期的には低迷傾向にある。それだけに、「単にお金集めという以上に、仲間集めの意味合いが大きい。応援する側も『一緒に作っていく』体験を通して、単に劇場のチケットを買って見るだけではない楽しみ方ができ、鑑賞体験も変わってくる」と、大高社長は活用が広がる背景を分析する。

クラウドファンディングで来日が実現

来日した5人は、長く農業を営んできたブレンダ・ロングとジェイ・ロングの夫妻に、心臓手術を受け復帰してまもないレイラ・ギルクリスト、動物ケアの資格を持つマリー・ターフレイ、元建設会社役員のレン・カーティス。
日本のメディアのインタビューを受けてテレビにも出演したほか、東京・亀戸の特別養護老人ホーム「カメリア」を訪ね、日本の中学・高校生のヒップホップグループ「KANA-BOON!」と代わるがわるヒップホップを披露した。「KANA-BOON!」は「ヒップ・オペレーション・クルー」がめざした世界大会の常連で、つまり2013年にはラスベガスで同じ舞台を踏んだ縁がある。そうした様子を、カメリアのデイサービスに通う60〜80代の30人が車いすなどで観覧。彼らも途中、故・坂本九のヒットソング『上を向いて歩こう』や、ヒップホップ音楽に合わせて両手を大きく上げたりして、メンバー5人らとのダンスエクササイズに加わった。

5人は最後に日本の人たちと順に握手し、「おきれいですね」「手が冷たくて心配」「ニュージーランドに遊びに来てくださいね」と話しかけてまわった。

彼らとの会話にとても熱心だったブレンダは「何人かは上手な英語で返してくれた」と目を丸くし、「ダンスは世界共通。リズムは誰もがとれる。私たちはヒップホップを4年前に始めたばかりだけれど、うまくなったでしょう?」と笑った。隣のレイラは「私は誰かを励ますのが好きだけれど、ここでは私自身が励まされた。とても幸せな気持ち」と目をうるませた。グループ最若手のマリーは「私たちがやっていることを通して、若い人たちも高齢の人たちも刺激を受けてくれているんじゃないかな」と話した。

レイラは「もともとはとてもおとなしい性格。4歳でダンスレッスンを受けた時は動けず、自信を持てない人生を送ってきた」と言う。それがヒップホップを始めて以来、「変わったんです。教会で多くの人を前に話をするようにもなり、自信を持てるようになったんですよ。亡くなった夫が見たらなんと言うか……」。メンバー最高齢は96歳の女性だという。「この世を去るまで踊っていたい」という彼らは、首都ウェリントンでのパフォーマンスも予定していた。

みなさんの来日費用は、日本発のネットを通して一般の人たちが投じたんですよ――。インタビュー中にそう伝えると、5人は口々に「知らなかった」「すごい、ありがたいね！」と驚いた様子だった。そもそも各国・地域で上映されながらも、映画の宣伝での訪問が実現したのは日本が初めて。「こんなに関心を持ってくれたところはない。ニュージーランドで一番のお金持ちはバーベキュー用のソーセージを1袋くれたけれど」とレイラはおどけた。

お金まわりの大変さは、メンバー自身が身にしみて感じてきた。ラスベガスの世界大会への出場が決まった時はみんな飛び上がって喜んだが、仕事をリタイアした人も多いなか、旅費を出せず渡米を断念しかけた人もいた。そのてんまつは映画で描かれているが、お金の苦労は各地でパフォーマンスを披露するようになっても続いているだけに、日本のクラウドファンディングによる来日実現には感激した様子だった。

本作のブリン・エバンス監督に映画会社を通じて尋ねると、「高齢の彼らを招こうという日本のみなさんの心意気、うれしいですね」という答えが返ってきた。

5人の日本での最後のお仕事は、クラウドファンディングの「リターン」。最高額の5万円を投じた女性と東京・浅草に繰り出し、レンタルの浴衣姿でともに東京スカイツリーにのぼり、茶道も体験。通り雨に何度も見舞われながらも、仲見世で買い物を楽しみ、雷門の前で記念撮影もしたそうだ。

出資した方にも5人にとっても、映画を何倍も楽しむ得がたい体験になったのでは——。この日の様子を想像しながら、思いをめぐらせた。

なぜみんな、恋愛映画を見なくなったのか

『アンナとアントワーヌ　愛の前奏曲《プレリュード》』

この50年、男は成長せず、女は大きく変わった

恋愛映画は、年々とんと見なくなっている。世界的にも、いわゆる恋愛モノはヒット街道から遠ざかっているように思う。恋愛映画の巨匠とも言うべき仏クロード・ルルーシュ監督の『アンナとアントワーヌ　愛の前奏曲《プレリュード》』（原題 Un＋une）（２０１５年）の日本での公開に先駆け、監督に電話でインタビューした。80歳を前にしてなお大人の恋愛を撮り続ける思いを聞くうち、今の映画界への問題意識がひしひしと伝わってきた。

ルルーシュ監督がその名を世界にとどろかせたのは、恋愛映画の金字塔『男と女』（１９６６年）だ。カンヌ国際映画祭グランプリやアカデミー外国語映画賞に輝き、無名だった彼は一躍、フランスを代表する映画監督に。ダバダバダ、ダバダバダ……のスキャットで知られるテーマ曲を手がけたフランシス・レイはその後、仏グルノーブル冬季五輪の記録映画『白い恋人た

ち』（1968年）や『愛と哀《かな》しみのボレロ』（1981年）などの音楽も担当、ルルーシュ作品の常連作曲家となった。今回の『アンナとアントワーヌ』も、レイの音楽が全編を包む。

『男と女』の原題がフランス語で「ある男と女（Un homme et une femme）」であるのに続き、今作の原題は、男性名詞と女性名詞につく不定冠詞を並べた「Un +une」。つまり、あれから50年の時を経た21世紀版『男と女』となっている。

ルルーシュ監督は電話越しに言った。「男と女の関係はこの50年でずいぶん変わった。それを今回見せたいと思った。50年の間、男はまったく成長していないが、女の人の変化は著しいですから」

両作品の違いは、『男と女』がそれぞれ伴侶を亡くしたうえでの出会いだったのに対し、今回の『アンナとアントワーヌ』はパートナーがいる同士の恋愛という点だ。オスカー俳優ジャン・デュジャルダンが演じる映画音楽家アントワーヌにはピアニストの恋人（アリス・ポル）がいるし、エルザ・ジルベルスタイン演じるアンナに至っては、駐インド仏大使の夫（クリストファー・ランバート）がいる。それぞれのパートナーはいわゆるひどい人たちではなく、一見問題もない。ある意味、誰が見ても倫理的に正当化しづらい感情の高まりが、インドを舞台につづられてゆく。

ルルーシュ監督は言う。「愛は麻薬のようなもの。守られていても、それ以上を求めたくなるのが現実だ」。……なるほど。監督自身の経験に基づく実感なのだろうか。そう聞くと、「ウイ（そうだ）」と即答し、「これまでの人生で、伴侶は5人。うち結婚したのは3人だ。子どもは7人、孫は6人いる」と説明してくれた。さすが恋愛大国フランスで恋愛映画を撮り続けた監督だけある。インタビュー時、一緒に住んでいるパートナーは40代のヴァレリー・ペランで、「今回の脚本を一緒に仕上げた」そうだ。孫のうち、7歳の女の子と4歳の男の子は今作に出演もしている。

この世にヒーローなんていない

最近は、恋愛映画自体が減っているのでは。そう水を向けると、ルルーシュ監督は強く同意しながら力説した。「非常に残念だ。僕からすると、愛は人間の根幹を成すもので、人生を物語るうえでも欠かせない。なのに最近は、ビデオゲームに興じる人が増えるなか、映画もトリックやファンタジーに走りすぎていて、人間の本当の感情を出さない作品が増えている。人間関係を表す映画を作る環境が損なわれている」

人間の感情をいかに織りなすかが問われる映画にとって、恋愛はサイレント時代の昔から重要なテーマとなってきた。フランスは言うに及ばず、米国でも、映画史に残る『風と共に去りぬ』（1939年）も、アカデミー賞史上最多11冠の『タイタニック』（1997年）も、つまりは恋愛物語である。1990~2000年代は、メグ・ライアンやヒュー・グラントらのラブコメ映画が人気を博した。

コンピューターグラフィックス（CG）を多用したアクション・SF映画のヒットが以前にも増して目立ってきたここ数年は、恋愛がちりばめられた作品はあるにせよ、恋愛直球勝負の大ヒット作はどれほどあっただろうか。アカデミー作品賞にノミネートされた最近の作品群を見ても、恋愛モノは『ラ・ラ・ランド』（2016年）や『ブルックリン』（2015年）、『世界にひとつのプレイブック』（2012年）ぐらいか。アクションやSFがお家芸の米国のみならず、フランスでも、映画監督リュック・ベッソンが製作・脚本を担ったアクション映画『アルティメット』シリーズがヒットしたりしている。普段はハリウッドを冷めた目で見る誇り高きフランスも、実はハリウッド的映画が好きな人は案外多い、とはよく言われることだ。

先進国を中心に男女とも生涯未婚率が高まり、就職難や格差拡大で人々が恋愛に時間やお金を費やす余裕をなくしている表れでもあるのだろうか。

ルルーシュ監督の言葉が印象的だった。「今はヒーローブーム。でも実際は、この世にヒーローなんていないんですよ」。今作で、パートナーときちんと向き合えない男性を主役に据えたのも、ルルーシュ監督なりに打ち出したアンチテーゼなのだろう。

考えてみれば、ルルーシュ監督はじめ、高齢の域に達した監督はわりと恋愛映画を撮り続けている感がある。ウッディ・アレン監督が繰り出す作品には恋愛が欠かせないし、現役最高齢の映画監督として2015年に106歳で亡くなったポルトガルの故マノエル・ド・オリヴェイラ監督は、晩年まで恋愛を描いた。『ニュー・シネマ・パラダイス』（1989年）で知られる伊ジュゼッペ・トルナトーレ監督はそろそろ老境にさしかかるところだが、2016年に公開された『ある天文学者の恋文』は老教授と女子大生の恋愛モノだ。

巨匠の名をほしいままにすると、「売れる映画」ではなく「撮りたい映画」を撮れる、という面もあるのだろう。2017年に公開のルルーシュ監督の次回作は「愛や死、人間関係といった、私が好きな要素ばかりを盛り込んだ映画」だそうだ。「ウッディ・アレンと競争しているんだ」。ルルーシュ監督はつけ加えた。

北朝鮮に拉致された監督と女優の半生

『将軍様、あなたのために映画を撮ります』

金正日に国威発揚映画の製作を命じられる

映画は視覚や聴覚を通して人の心に訴えるだけにその影響力は大きく、20世紀の独裁者の目に魅力的に映ってきた。最近の代表格が、北朝鮮の故・金正日総書記だろう。映画マニアの彼に拉致された韓国の映画監督と女優の半生に関心を寄せた英国の映画監督ふたりが、韓国や米国、日本、香港で聞き取りを重ねてドキュメンタリー『将軍様、あなたのために映画を撮ります』（原題 The Lovers and the Despot）（２０１６年）を撮った。

１９５０〜60年代を中心に韓国で人気を誇った女優、崔銀姫《チエウニ》は、自身の主演映画の多くを撮った夫の故・申相玉《シンサンオク》監督と離婚後の１９７８年、香港で姿を消す。彼女の行方を追って香港へ渡った申監督も同年、行方がわからなくなる。いずれもそれぞれ北朝鮮へと拉致されていた。時をおいて平壌で引き合わされたふたりは、映画で国威発揚を狙う金正日によって映画製作を命じられる――。

英国人監督ふたりに、スカイプでインタビューした。北朝鮮による拉致問題。そう書くだけで、今も戻れない日本人拉致被害者を思って胸が痛む。ただ、英国ではさほど大きく取り上げられているわけではないのでは？　そう水を向けると、大学時代からの友人同士のロス・アダム監督とロバート・カナン監督は口をそろえた。「英国の誰もが拉致問題を知っているというわけではないが、ＢＢＣも報じていて、横田めぐみさんの拉致問題は一定の層には知られているよ」

「独裁者がけしかけて起きた拉致問題に、関心を持たない人はいないだろう。とりわけ映画監督の拉致は僕たちふたりとも以前から聞いて知っていた。これについて今までドキュメンタリーが製作されたことがないと知り、やってみたいと思った」。アダム監督が言うと、カナン監督はつけ加えた。「これまで誰も撮っていないのはなぜだろう？と不思議に思っていた。すると、韓国では申監督がウソをついていると思っている人たちが今も大勢いて、申監督側が慎重になっていたせいだとわかったんだ」

申監督と崔は１９８６年、訪問先のウィーンですきを見て在オーストリア米国大使館へ駆け込み、脱出に成功した。その後、ワシントンで記者会見を開き、拉致された経緯について説明した。

一般にはそれまで、申監督は自発的に北朝鮮へ亡命したのだと信じられていた。日本人スタッフも製作に加わって日本でも公開された『プルガサリ　伝説の大怪獣』(1985年)など17本の映画を、金正日に協力しながら崔とともに大々的に製作していたためだ。旧ソ連や東欧など当時の共産圏を中心に海外の映画祭にもよく出向いた。表向き、北朝鮮の言うがままにふるまわないと命の危険があったためだが、申監督が行方をくらましたのは、韓国で自身のスタジオが閉鎖の憂き目に遭い、仕事がゆきづまったタイミング。このため、彼のその後の説明を信じなかった人も韓国では目立った。

決死の覚悟で隠し録りした録音テープ

崔のもとを2010年に初めて訪れたアダム監督とカナン監督は、自分たちのほかにもドキュメンタリー撮影の協力依頼が韓国や日本からも寄せられたものの、崔らが断ってきたのだと知った。今回、自分たちの手で実現できたことについて、カナン監督は「近い日韓の映画人より、遠い英国の僕たちの方が客観的になれると思ったのではないか」と推察した。それでも、申監督らの財団が保存する映像資料などの使用許可を得るには根気と時間を要した。アダム監督は「自分たちが北朝鮮の金政権を支えたととられないか、明らかに崔は心配していた」と語った。

申監督や崔の証言の信憑性《しんぴょう》についてアダム監督らが一層確信を深めたのは、申監督らが決死の覚悟で隠し録りした録音テープの存在が大きい。申監督や崔と金正日との会話、申監督による記録のための折々の独白……。脱出が成功しても拉致だとはにわかに信じてもらえないだろうと見越して、崔のバッグに忍ばせるなどして録音したのだった。

周りに聞かれてもすぐには内容がわからないようにとの配慮だろうか、申監督は独白を日本語で録音している。戦時中に東京美術学校（現・東京藝術大学）に留学していた彼は日本語が堪能だった。これらの録音テープは「一時は米韓の当局に提出されたが、今は崔らが個人的に保管している」とカナン監督。本作では、金正日の肉声をはじめとするこれらの貴重な録音を聞くことができる。

本作は英国や米国、韓国でも相次ぎ公開された。カナン監督は言った。「申監督をただ裏切り者だと思っている韓国の人が録音テープを聞いたらどう思うか、聞いてみたい」

申監督の北朝鮮時代の映画、プロの目から見てどう評価するのだろう。尋ねると、カナン監督は答えた。「すばらしい映画だったと言うには厳しいが、キャラクターがしっかり作られていて、申監督以前の北朝鮮映画に比べて相当洗練されたものになったのは確かだ。それ以前の北朝鮮映画はただ思想教育の側面が強かったが、北朝鮮の亡命者によると、申監督の作品は彼らにとっては初めてのエンターテインメント映画となったそうだ」。アダム監督が補足した。

「申監督に映画を撮る力があったとしても、あの体制下では芸術表現としての限界があったはずだ」

カナン監督はさらに、同じ映画監督として申監督の当時の心情にも思いをめぐらせた。「韓国で映画製作ができなくなったあとだっただけに、北朝鮮では予算を使い放題で映画を撮れて、彼もうれしかった面はあっただろう」。それもまた、映画人の気持ちを想像しうる映画マニア・金正日の狙うところだったかもしれない。

人種の壁に抗いながら、切り開いた道

『ダゲレオタイプの女』

「アラブ系」のステレオタイプを乗り越えて

俳優を人種で語るのは本当は好きではないが、それを意識させられる配役の偏りが世界的には目立っているのが現実だ。黒沢清監督の海外初進出映画『ダゲレオタイプの女』(フランス・ベルギー・日本、原題 Le Secret de la chambre noire)（2016年）に主演するアラブ系フランス人俳優タハール・ラヒムは、そうしたステレオタイプを乗り越えながら活動してきたひとりだろう。来日した彼にインタビューした。

タハール・ラヒムは、カンヌ国際映画祭グランプリの『預言者』（2009年）や、『消えた声が、その名を呼ぶ』（2014年）で主演した若手の実力派俳優だ。日本では、名前だけでピンとくる方はまだ多くないかもしれないが、フランスを中心に人気が高い。彼にインタビューしたと在仏のフランス人の友人に言うと、まったく映画通でもないのに「え、すごい！　彼すっごく人

タハール・ラヒム

気だよ」と言われた。

『ダゲレオタイプの女』は全編フランスで撮影されたフランス語の映画。被写体を長時間拘束して撮る世界最古の写真技法「ダゲレオタイプ」にこだわる写真家ステファン（オリヴィエ・グルメ）の助手となった青年ジャン（タハール）は、父ステファンに「犠牲」を強いられている娘マリー（コンスタンス・ルソー）に心奪われる——。

黒沢監督はカンヌ国際映画祭などで評価が高く、欧州を中心に熱狂的なファンが多い。２０１６年には米映画芸術科学アカデミーの会員にも選出されている。初の海外進出となった今作の主演にタハールを起用したのはなぜか。公開前の記者会見で黒沢監督に質問すると、「『預言者』を見てとても魅力を感じていたし、（数年前に仏ドーヴィル・アジア映画祭で）お会いした時に、あ、この人は僕の映画に出てくれるのにふさわしい人物だ、と直感的に思えた」と答えた。

黒沢監督はさらに、「撮影が進んでいくうち、正直、予想したよりはるかに精密で力強い表現者だと感じられた。脚本には単純な感情の流れしか書いていなかったと思うが、それを何段階にも分けていくつかのものを混ぜ合わせて、このシーンでは感情のこのポイントを表現するのだと自分で決めて的確に表現していた。そうした才能と技術を兼ね備えた俳優なのだと撮るごとにわかって、本当に驚いた」と実力をたたえた。

タハールはインタビューで語った。「この役を受けた第一の理由は、黒沢さんは尊敬する監督だから。彼の映画は、大学で映画を勉強した際に学んでいた。だから2年ほど前に電話でこの役のオファーをもらった時、すごく感動して驚いたし、うれしかった。断る理由なんてないよ」。好きな黒沢映画は『叫』（2007年）や『CURE』（1997年）だという。

もうひとつの理由は、フランスにはこうした「死者が出てくる哲学的な映画」があまりないためだという。死者を扱う作品の大半はホラー映画で、この世を去った人をめぐって「黒沢さんのように哲学的で抽象的な作品に仕上げる、といったことはない。米国もなかなかないよね。たぶん文化的な要因だと思うけれど、日本には死後の世界やシニガミ（死神）といった概念があるからだろう」とタハールは言った。その意味でも、「主人公ジャンは誰にも話しかけていないのか、誰かと話しているのか、気が触れてしまったのか……疑問に満ちた場面で演じるのは難しかったよ」と語った。

ところで、いま「シニガミ」と発音しましたよね。どこでその単語を知ったのでしょう？　尋ねると、「有名なマンガ『DEATH NOTE』だよ」。なるほど！

ホラーではない死者の映画、欧米でどのように受け止められるだろうか。「欧州でもパラレルワールドを信じている人はたくさんいるし、理解されると思う。それに黒沢さんは欧州ですでに人気だし、死者の出てくる彼の映画は初めてではないしね。米国での受け止められ方はまた違うのだろうけれど」

黒沢監督が書いた脚本にフランスのリアリティをより出すため、タハールは撮影に際して「すべての会話について監督と何度も議論した」という。「上司と部下の関係は、日本とフランスとで違うでしょう？　映画のDNAはそのままに、彼らの関係性や会話を変えたんだ」とタハール。演じたジャンはとりわけ、「いまどきの普通のフランス人の若者。普通であることを見せるのが大事だと思った」。

テロリスト役のオファーを断る

タハールは、歴史映画『第九軍団のワシ』（2011年）のスコットランドのケヴィン・マクドナルド監督や、『パリ、ただよう花』（2011年）の中国のロウ・イエ監督、『消えた声が、その名を呼ぶ』のトルコ系ドイツ人ファティ・アキン監督、そして今回の黒沢監督と、海外の監督との仕事を次々とこなしてきた。2017年公開のルーニー・マーラ主演『Mary Magdalene（原題。「マグダラのマリア」の意）』ではイエス・キリストを裏切るユダを演じ、撮影準備が進む米映画『Official Secrets（原題）』ではハリソン・フォードやアンソニー・ホプキンスと共演する。フランス人俳優としてはやや異色とも言える、国境を越えた活動ぶりだ。

「僕の作品選びは、観客としての作品選びと同じ。見たいと思う映画に出る。さらに海外の監督との仕事を通して違う文化やものの見方、あるいは食べ物などにも触れることで、役者として大いに糧になる」

その姿勢は今回の初来日でも表れていた。日本を訪れたことのない世界的な俳優ながら、マネジャーなどを伴わずひとりでやって来て、ホテルにこもることなく、ひとりで夜の東京・新宿を探索したという。「冒険が大好きだからね」とタハールは笑った。

フランス東部ベルフォート出身。両親は北アフリカ・アルジェリアからの移民で、母語はフランス語とアラビア語だ。加えて英語も堪能で、今回のインタビューも英語だった。その点も、伝統的にフランス語オンリーなことが多いフランス人俳優にあって珍しい。

タハールは言う。「アラブ系俳優をめぐる状況は問題が多く、かつては二番手や三番手あたりの役ばかりだった」。移民排斥の気運が高まる以前から、白人俳優に比べて「よりよい役どころ」は多くはなかった。

数年前、テロリストの役をオファーされたことがあった。打診したのはハリウッドのスタジオだというからさもありなんだが、「僕はノーと言った。テロリストの役はいつも断っている」。

タハールはきっぱりと言った。

タハールは、自爆テロに向かうパレスチナ人青年を描いたハニ・アブ・アサド監督の『パラダイス・ナウ』（2005年）などを挙げてさらに語った。「これはテロリストが出てくる映画としてはすばらしい作品だ。なぜ彼らがそうせざるを得なかったか、どのようにしてそうなったかについて考えさせ、問題提起するというビジョンがある。でも単に誰かがどこかへ行って自爆したというだけの役の映画にはかかわりたくない」

抗いつつも、どのように道を作ってきたのだろう。「ただし僕は、ジャンと呼ばれようがアハメドであろうが気にしない。適切な役柄を得たなら、流れを作れる。ベストなのは、仕事をして、議論しないこと。疑問に感じて問題にしても、助けにならないと僕は思う」「質問をすればするほどいい方向にはいかない。とにかく仕事をすることが、思いを代弁することになる」

とはいえ、「今は状況は変わりつつあって、よくなっているよ。ゆっくりとした変化だけれどもね」とタハール。「北アフリカからフランスへの移民は長年起きていて、街に出ればアラブ系や黒人がたくさんいる。ルーマニア人も増えている。映画はある意味、現実を表すもの。それに即したストーリーにしていかなければならない。現実と違うものを観客に見せられないよね。知性ある監督はちゃんとわかっている」「そうして、観客もいろんな人種や民族の役に慣れていくようになればと思う。だからこそ自分が何系の人種であるか以前に、役者としてどんな役を選ぶかが大事なんだ」。役の幅を広げつつ、「卑劣で道徳心のかけらもないけれど憎めない、といった役をいずれ演じてみたい。『カジノ』（１９９５年）のジョー・ペシのようにね」と語った。

そうして「ほかの日本の監督の映画にも出てみたい」とタハールはインタビューを締めくくった。楽しみがまた増えた。

コロンビアをめぐる ノーベル平和賞と映画の関係

『彷徨《さまよ》える河』

現代世界の論理に抗い続けるアマゾン

2016年は南米コロンビアが2度、世界で大きく注目された。サントス大統領が内戦終結をめざすなかでのノーベル平和賞受賞と、コロンビア出品映画のアカデミー外国語映画賞への初ノミネートだ。その『彷徨《さまよ》える河』（コロンビア・ベネズエラ・アルゼンチン、原題 El Abrazo de la Serpiente／英題 Embrace of the Serpent）（2015年）の公開を前にシーロ・ゲーラ監督にスカイプでインタビューした。政治と文化で大きなできごとが立て続けに起きたのは、決して偶然ではなかったと聞かされ、目を見開かされる思いだった。

舞台はコロンビアのアマゾン川流域に広がる世界最大の熱帯雨林。20世紀初頭、ゴムなど資源めあての白人らによって滅ぼされた先住民の村の唯一の生き残り、若きカラマカテ（ニルビオ・トーレス）のもとに、重い病気にかかったドイツ人民族学者テオ（ヤン・ベイヴート）がやって来る。白人を嫌うカラマカテだが、病を治す聖なる植物ヤクルナを求め、ともに奥地へ入っていく。数十年後、年老いたカラマカテ（アントニオ・ボリバル・サルバドール）はヤクルナを探す米国人植物学者エヴァン（ブリオン・デイヴィス）と出会い、再び旅に出る——。

「アマゾンでの撮影は長年の夢だった」。今回で長編3作目になるゲーラ監督は、首都ボゴタからのスカイプによる音声通話を通してそう切り出した。

「コロンビア国土のおよそ半分を占めながら、ほとんど知られていない地域。アマゾンや先住民について知っているコロンビア人はせいぜい1割ほどだろう。私自身、それまで行ったこともなく、ほとんど知識がない、ほぼ未知の世界だった。だがこの世界に深く入り込むにつれ、魅了されていった。アマゾンは長い間、影に覆われておろそかにされてきたけれども、なおそこに存在し、今日の社会に対して多くを語ってくれる世界だ」。ゲーラ監督はさらに、「白人との暴力的な出あいによって、多くの先住民文化は消滅、あるいは消えかねない状況にある。映画は多くのコロンビア人にとってアマゾンの文化や歴史を知る入門編になる」とも指摘した。

ゲーラ監督は、アマゾンに詳しい友人の人類学者と話をし、彼の助言のもと、「まずは好奇心からリサーチを始めた」。実際に撮影に入るまでの約2年間、アマゾンのさまざまな場所を行き来した。その過程で、アマゾンに魅せられたふたりの探検家の日記にめぐり合った。

「これらの日記が、この作品の基礎になった。いまだ語られていない物語に、私は興味をそそられた。たくさんの問題を包含している話なのに、映画化もされていないこと自体、信じられなかった。まったく違う世界からやって来た人物が、芸術や科学を通して（アマゾンと）一体となっていく話であり、植民地主義についての物語だ。普遍的かつ心ひかれるもので、映画にすべきだと私は感じた」。ゲーラ監督は熱く語った。

映画で描いたのは20世紀の初頭と半ばのアマゾンだ。「映画は過去の再現。今のアマゾンや、そこに住む人々は、今作で描かれたものとはまったく違う。ただ、様変わりはしたものの、現代世界の論理に抗う場所であり続けている。今なお神秘的でとらえどころがなく、世界の産業による開発・搾取のために狙われ続けている」

先住民カラマカテを演じたふたりとも、実生活で少数言語を話す先住民だ。映画の裏方としても、先住民の人たちは活躍した。ジャングルでの困難な撮影を成し遂げたのも「彼ら先住民の支えや協力のおかげだ。彼らの導きは有益で、ジャングルに悪影響を及ぼすことなく撮影できた。私たちが映画を撮るのを、ジャングルが許可してくれたようなもの。謙虚な気持ちになり、教え導かれる経験だった」とゲーラ監督は振り返る。

世界中が似たような問題を抱えている

スターが出る大作とは対極の、「非常に独特の映画」。しかも、ほぼ全編がモノクロの作品だ。

「世界をモノクロで見ると、どの人間も動物も、どの植物も岩も水滴も、同じ素材でできているように映る。先住民が世界を理解する方法に非常に近くなる。カラーで撮っていたら、まったく違う作品になっていたし、私が本当に欲した映画にはならなかっただろう」とゲーラ監督は解説する。

ただ、そうした一見地味な作品だけに、当初は企業などに出資を頼んでは断られたという。コロンビア政府の支援は得られたものの、「予算のごく一部しかカバーできなかった」。ついにベネズエラなどで民間出資を取りつけたが、すべての予算をまかなうまでに「3年かかった」とゲーラ監督は言う。

コロンビアでの公開も、当初はごくわずかな劇場から始まった。「劇場主は作品を信じていなかった。でも公開されるや記録的な興行収入になった。観客はとても熱狂し、文化的な場面や科学的、また政治的な場面についてさまざまな議論が起きた。この年最もヒットした映画のひとつになったよ」

作品にひかれたのは地元だけではない。2015年のカンヌ国際映画祭で監督週間アートシネマアワードを受賞し、2016年にはアカデミー外国語映画賞にコロンビア出品の映画として初めてノミネート。米映画評サイト「ロッテン・トマト」では、批評家からも一般観客からも高評価を得ている。

「この映画を最も理解するのはコロンビア人だろう」と考えていたゲーラ監督だったが、「世界各地で上映するにつれ、違う文化を持つ多様な人たちが、この映画に強い結びつきを感じていることがわかった。人々の琴線に触れたようなんだ。文化的にも遠い地域の人々が共通点を見いだしたことに、すごく驚きを感じた」と話す。

「世界中、似たような問題を抱えているからだろう。人々は、人類が今後どうなっていくのか問い続けているし、世界の伝統的な共同体がどんなものであるか、以前にもまして真摯《しんし》に耳を傾けようとしている。10年前にはなかったことだ。これは驚くべきことで、この物語が今いかに重要性を帯びているかの証左となっている。アマゾンの歴史や文化を知らなかったとしても、観客は結びつきを感じるということだろう」

たしかに、日本もアイヌ語などが消滅危機にある、と国連教育科学文化機関（ユネスコ）に指摘されて久しい。さまざまな国や地域が、同じような構図を抱えている。

それにしても、欧米の賞レースにも乗ったのは画期的だ。「人々は映画を通して目を見開くような新たな経験を求めているのに、最近の映画の多くは30年くらい前と同じようなものだったりする。それに対して、この作品は冒険を欲する観客を間違いなく、日々の現実とまったく違う場所へと連れてゆく。映画の力がある」。ゲーラ監督は分析した。

半世紀にわたる内戦が終結した年に称賛された必然

コロンビアでは2016年11月末、政府と、中南米最大の左翼ゲリラ・コロンビア革命軍（FARC）の間で、52年にわたる内戦を終わらせる和平合意が成立した。9月にいったん和平協定が成立したものの、その是非をめぐる国民投票で反対票が賛成票を上回り、効力が失われていた。その後、和平協議を主導したサントス大統領のノーベル平和賞受賞が決まった。その受賞に後押しされるように、再び合意に至った。

ゲーラ監督へのインタビューは、最初の協定の効力が失われ、サントス大統領のノーベル賞受賞が決まってまもないタイミングだった。「長期にわたる非常に複雑な対立で、単純に割り切れる問題ではない。さまざまな派閥があり、政府が当初考えたように解決しうるものではない」と語ったうえで、「それでも、この対立を終わらせ、新たな感性とともに未来へと踏み出すチャンスが訪れたのは、とても希望に満ちた節目だ」と、一連の動きを前向きにとらえている様子だった。

というのも、「芸術や文化、スポーツ、ほかのさまざまな人間表現への熱狂は長年、内戦の重圧のなかで忘れ去られてきた」とゲーラ監督自身、痛感してきたためだ。それが、「国が歴史上の暗黒の時代を捨て去り、希望とともに未来を見つめようとしているなか、芸術表現などに熱狂する動きが出ている」のだという。

半世紀にわたる内戦に終止符が打たれゆくのと歩調を合わせるかのように、コロンビア映画が世界で称賛されたのは、ある意味必然だった、ということなのだろう。

負の歴史に向き合った「正義の国」

『ヒトラーの忘れもの』

10代の少年兵に地雷除去をさせていた

非人道的だったのはナチスだけではなかった――。デンマークが戦後長らく、半ばふたをしてきた負の歴史に、デンマーク・ドイツ映画『ヒトラーの忘れもの』（原題 Under sandet／英題 Land of Mine）（2015年）はデンマーク軍の協力のもと向き合った。舞台は1945年5月、ナチス・ドイツの降伏で5年間の占領から解放されたデンマーク。連合国軍の上陸を阻むべくドイツ軍がユトランド半島の西海岸に埋めたおびただしい数の地雷を除去するため、英国の指示でドイツ軍捕虜が駆り出された。十分な訓練も装備品の支給もなく、捕虜の待遇を定めたジュネーブ条約に反する可能性があったが、ドイツと「交戦国」ではなかったデンマークには、条約が適用されなかったのだ。

除去現場の監督役となったデンマーク軍のカール・ラスムスン軍曹（ローラン・ムラ）のも

とに送られたのは、地雷を扱った経験などほとんどない、あどけない10代の少年兵ばかり。ナチスを憎むラスムスンは当初こそ彼らに罵声を浴びせるが、食料もほとんど与えられないなか、砂浜にはいつくばって慣れぬ手つきで信管を抜いては暴発で命を落とすさまを目の当たりにし、良心の呵責《かしやく》にさいなまれる。やがて、仲間を失いながら望郷の念に駆られる少年兵セバスチャン・シューマン（ルイス・ホフマン）らと心を通わせてゆく。

さまざまな戦争映画を見慣れている私でも、この題材はしんどすぎた。こんなに見続けるのがつらい作品は正直、近年、なかった。

コペンハーゲンと東京とをつなぎ、主演のローラン・ムラにスカイプでインタビューした。この史実、知っていましたか？「いや、まったく知らなかった。学校の歴史の授業でも教えないし、少年に除去させていたこと自体を否定する歴史学者もいたほどだ」。だが脚本も書いたマーチン・サントフリート監督は、ユトランド半島の西海岸の教会をまわり、地雷処理で亡くなった少年兵の名前が記された本で確認しながら取材を重ねたという。「起きたのは疑いのないことだ」とムラは言う。

この史実を題材にした映画自体、デンマークで「過去に例がない」という。「デンマークの戦争映画は、ナチスの占領に抵抗したレジスタンスについてのものばかり。多くはヒーロー的で、戦争がどのようなものか描いていない」とムラ。「ひとたび戦争が起きると、ヒーローなんていないし、誰も勝者にならないのに」

デンマークで戦後こんなことが起きていたとは、私自身、この映画で初めて知った。デンマークと言えば、ドイツに占領されながら、ナチスが命じたユダヤ人の強制収容に抵抗、市民らも協力して彼らをスウェーデンに避難させたことで知られる。そのデンマークですら、という点に驚く。

そう言うと、ムラは語った。「ユダヤ人を助けたデンマーク人は、自分たちを（新約聖書に出てくる）『善きサマリア人』だと思いたがる。だからこそこの映画はデンマークや世界の歴史にとって、とてもとても大事な映画なんだ。戦争で何が起きたのか知るのは、非常に重要なことだ」

ムラによると、映画が各地で上映されるや、国内の一部の識者が「映画で描かれていることはウソだ。地雷処理で死んだ少年はいない」と反発したという。ムラはスカイプを通じて語気を強めた。「そんな人たちは、書物から顔を上げて、何が起きたのか生存者に聞いてみるといい」「歴史の教科書に新たな章として書き加えるべきだ。『善きサマリア人』だと思いたがるデンマーク人にとって、非常に大事な章となる」

状況は違えど、日本も同じだ。負の歴史の否定は世界中どこでも起きている、と痛感した。ユト役作りに際してムラは、まさにラスムスン軍曹のモデルとも言うべき元軍曹に会った。ユトランド半島西海岸で実際に地雷除去の監督を請け負った当時について、じっくり話を聞いたという。

そうして演じきったうえで、ムラはラスムスン軍曹についてこう語る。「ドイツを憎み、復《ふく》讐《しゅう》したいと考えている彼だが、ドイツの少年兵と接するうち、彼らも人間だと気づいてゆく。つまり、ともに腰を下ろして『敵』と語り合えば、違いよりも共通点を見いだすようになる。この映画は『人を殺してはいけない』と明確にうたう作品ではなく、それを行間からにじませようとしている。それを感じ取ってもらえれば」

ムラの祖父母は戦中世代。「彼らは『静かなる世代』と呼ばれている。昔はそれがなぜだかわからなかったけど、今なら理解できる。胸を張って言えないことがたくさんあったんだ。戦争は人間性の点で最悪のものをもたらす。僕らはそこから学ばなければならない。『目には目を』のメンタリティーは、人の判断力を狂わせる」

ムラの祖母はドイツ出身。第2次大戦後、祖父がドイツで戦後復興に手を貸すなかで知り合ったという。「だから僕はドイツ語を話せる。それが今回の映画にも役立ったし、何より僕自身がこうした映画に出た。世界は不思議な形でつながっているよね」

元ラッパーが演じた鬼軍曹

ムラはもとはラッパーだった。俳優に転じてからは、今回が初めての主演となる。「実を言うと、僕が主役をやると聞いていくつかの出資者は資金を引き揚げた。でもサントフリート監督は『ムラがいい。彼がこの役に適している』と言ったんだ」。たしかに、スカイプのビデオ通話で対面した彼は、さすが元ラッパーらしく冗舌で、長髪に長いヒゲ、両方の二の腕には大きなタトゥー。一見したところでは、「悲しみを内に秘めた鬼軍曹」とはほど遠いイメージだ。でも映画を見るとわかるが、実際の本人の見た目からは想像もできない、憤りと思いやりを同居させた迫力ある軍曹に仕上がっている。結果、ボディル賞（デンマーク映画批評家協会賞）の主演男優賞などを受賞。「監督が信じてくれたおかげだね」

それにしても、劇中のドイツ少年兵たちに漂う戸惑いや不安、恐怖はきわめてリアルで自然だ。それが痛いくらい伝わるだけに、私も見ていてつらすぎたのだと思う。「まさにそれが監督の狙いだ」とムラは語気を強めた。「僕らは、いわゆる芝居がかったものを見せたくはなかった。役者というより、本当の感情を出せる少年たちが必要だった。観客はだませない」。だからこそ、双子の兄弟兵を演じたエーミール・ベルトン&オスカー・ベルトンら、演技経験がほとんどない少年を多く出演させた。

それと裏腹と言うべきか、ムラは「カメラが回ってない時でも軍曹であり続けなければならなかったよ」と笑う。少年たちはついつい撮影の合間に騒いだりしがちだった。「そんな彼らを抑えなければならず、時にいら立った。だから、そのあと彼らを怒鳴るシーンの撮影があるとわかっている時は、その気持ちを保って怒りをぶつけたよ」。だからこその気迫か。

表現者は極右の考えに静かに抵抗する

足元のデンマークでは、難民申請者の所持金や財産の一部を国が没収できる法案が可決され、移民排斥を訴える右派、デンマーク国民党（ＤＰＰ）も躍進、移民や難民を取り巻く環境は厳しくなっている。「デンマークは人口五百数十万人の小国。もし難民が１０００万人も押し寄せたら崩壊する。そんな風に、人々は恐怖を感じている」とムラは解説する。「だが問題だと感じ、解決したいのなら、理解しなければいけない。腰を下ろして難民の話を聞けば、彼らがなぜ国を逃れたかがわかる。恐れず受け入れて、と言いたい」

そのうえで、ムラは熱弁した。「こうした難民の扱いについて、僕はとっても恥ずかしく思っている。デンマークは『正義の国』だと自負しているだけに、『ここに来たければ我々に同化してね。そうでなければ出て行ってね』といった風になったり、砂に線を引いて『私たちはこっち、あなたはここに住んでね』となったりする。それが今僕らがやっている最もバカげたことだ。残念ながら、デンマークだけでなく世界中でも起きている。自分たちを特別視するのではなく、世界はひとつだという考えが必要だ」

「結局、あの戦争から僕らは何も学んでいない。僕らの国も悪いことをしたという点について、語ってこなかったからだ。願わくばこの映画が、他者との向き合い方を変えるきっかけになればと思う。自分たちがされたいように他者を扱う、といったように」

右派ひいては極右が欧州はじめ世界で台頭するなか、表現の自由が損なわれゆく恐れはないのだろうか。するとムラはきっぱりと言った。「保証する。表現者たちの多くは極右の考えに反対だし、それぞれのやり方で静かに抵抗している。最近の映画にはたいてい、そのためのメッセージが埋め込まれている」

ある意味、合点がいった。デンマークは2016年、この映画をアカデミー賞外国語映画部門に自国代表として出品した。自国の汚点を描いた映画の出品を避ける国・地域も少なくないなか、少なくともデンマークの表現者たちはやはり「善きサマリア人」であろうとしているように見える。

そして米映画芸術科学アカデミーは、この作品をアカデミー外国語映画賞にノミネートした。戦争がもたらす悲惨さを被害者の視点で訴えるのももちろん大事だが、占領された側にすら加害者性があった点にも言及する映画が最近は世界で増え、評価されていることを日本も認識する必要がある、と私は思う。

負の歴史を見つめようというのは映画界だけではないようだ。

ムラによると、撮影はまさに当時地雷処理がなされた西海岸で進めた。「一帯は今、デンマーク軍の基地。だから軍の許可を得る必要があった」。プロデューサーのミケール・クレスチャン・リークスへのオフィシャルインタビューによると、「軍はとても好意的にサポートしてくれた」そうだ。ムラは言う。「撮影の初日に何が起きたと思う？　本物の地雷が見つかったんだよ！　軍はすぐ飛んできて、除去してくれたよ」

デンマーク軍がなぜ、過去のこととはいえ本来触れられたくない側面を描こうという映画に手厚く協力したのでしょう？　そう聞くと、ムラは「彼らも変化しようとしているからだろう」と答えた。「デンマーク人は生来、とても友好的。だからこそ、(難民の扱いなどで)今のデンマークが外からよく思われていないことについて、彼らも心を痛めている。だから僕らを非常によく支えてくれたのだと思う」

「世界はまだまだ紛争に満ち、どこでも隣国や隣人ともめている。この映画を見た世界の人たちは、これを我がことのように感じてもらえると思う。自分たちの負の歴史を見つめようとする人たちは、たしかに増えている。自分たちが後世どのように記憶されたいか、考える必要が出てきているということだ」。ムラはインタビューをそう結んだ。

英米ドローンが民間人を殺しているという現実

『アイ・イン・ザ・スカイ　世界一安全な戦場』

「テロリストを殺傷しているだけ」というウソ

出資者の変更要請をも突っぱねたとは頭が下がる。熱心な人道支援でも知られる英俳優コリン・ファースらが映画製作に乗り出した第1弾、英映画『アイ・イン・ザ・スカイ　世界一安全な戦場』（原題 Eye in the Sky）（2015年）は、対テロ戦争の名のもと、世界で日々起きている現実について問いかける。公開を前に来日したコリンと二人三脚のプロデューサー、ジェド・ドハティに東京でインタビューした。

作品の舞台は英国、米国、ケニア。ロンドンの常設統合司令部で司令官を務めるキャサリン・パウエル大佐（ヘレン・ミレン）はフランク・ベンソン中将（アラン・リックマン）らと英米合同の「テロリスト捕獲作戦」に着手、ソマリアのイスラム武装勢力「アル・シャバブ」の一員となった英国籍の白人女性スーザン・ダンフォード、別名アイシャ・アル・ハディィ（レックス・キング）に狙いを定めていた。

ナイロビでの彼らの隠れ家を、小さなハチドリやカブトムシの形をした米軍の小型ドローン（無人機）のカメラで監視、送られてくる映像を見守るうち、大規模な自爆テロ計画を察知する。攻撃の準備をしていると、その射程圏内で地元の少女アリア（アイシャ・タコウ）がパンを売り始める。交戦状態にない友好国であるケニアで、テロを防ぐため少女を犠牲にしてでも攻撃するか、少女を守ってテロリストをみすみす見逃すか。ナイロビから遠く離れた英米の安全な密室で、軍幹部や政府高官らが電話やネットを通じて議論をヒートアップさせてゆく――。

２０１６年７月、当時のオバマ米政権は、米軍のドローンによる攻撃で２００９～15年、イラクやアフガニスタンなどを除く非戦闘地域で民間人64～１１６人が巻き添え被害により死亡した、と発表した。ブッシュ政権から引き継いだ対テロ戦争において、自軍の被害を最小限に食い止めるためにも地上軍を引き揚げて、全地球測位システム（ＧＰＳ）によって地球のどこからでも攻撃できるドローンを活用してきた結果だ。市民団体などは、民間人の死者数はもっと多いはずだと見ている。

映画はその現実をぐさりと突きつけた。なぜ、こうした映画を製作することになったのか。インタビューで尋ねると、ジェドは５年前にさかのぼりつつ語り始めた。

英レコード産業協会会長のジェドは、米ソニー・ミュージックエンタテインメントの会長兼最高経営責任者（CEO）を2011年に辞し、古くからの友人で政治的な考え方も合うコリンと映画製作会社「レインドッグ・フィルムズ」をロンドンで創業、2012年に法人化した。「コリンと私は『今の世界に影響を与える社会問題に取り組む映画を作ろう』『有意義で大事な、それでいてエンターテインメント性のある映画を作ろう』と決めた」とジェドは語る。

そうしてジェドは2012年、今作の脚本を書いたガイ・ヒバートに会った。ドローンが年々小型化・巧妙化していることをパリの武器見本市で目の当たりにしたのを機に、「ある人を助けるためにほかの人を犠牲にするのは許されるのか？」という心理学や倫理学の思考実験「トロッコ問題」の要素を加えて書き上げた、とガイは詳しく説明した。ジェドは「将来を予測するような脚本だと感じた。私はすっかり気に入り、脚本を夜通し読んでコリンに送った。彼も大いに気に入っていたよ」

そこへ2013年、ドローン攻撃の誤爆で米国人が死亡した、とオバマ政権が初めて公表したことがニュースで流れた。コリンはジェドに電話をかけてきた。「あの脚本、どうなった？」。ジェドはガイに電話をし、「映画化権を譲ってほしい。コリンと私で必ず映画にする」と伝えた。

ジェドは言う。「私自身、これは重要な問題だと感じ、我々の映画第1弾のテーマとすべきだと考えた。当時、一般の人たちの多くはドローンについてさほど知らなかった。それまで米軍は『我々はテロリストを殺傷しているだけだ』という説明に終始していた。もちろん我々は、それを信じてはいなかった。そんなことは不可能なのだから」「今は世界中、ネットや電話を通してどことでもつながる。今日の戦争は、世界中の意思決定者が遠隔操作で指揮しているということだ」

出資候補者からのラストの変更要請を突っぱねる

さて、このあたりでコリンについて、ジェドの言葉も借りつつ説明しよう。映画・演劇人としてはアカデミー作品賞の英映画『英国王のスピーチ』（2010年）でアカデミー主演男優賞などに輝く実力派で、人気映画『ブリジット・ジョーンズ』シリーズなどでコミカルな演技も見せてきた。一方で彼は、NGO「オックスファム」などを通じて貧困や難民、世界の先住民の支援に長年取り組み、難民の強制送還に反対する声明をメディアに出すなど社会活動にも熱心だ。

ジェドいわく「彼は常に社会問題に関心を寄せ、いわゆるセレブリティのタイプではない俳優。人権や表現の自由といった問題をとても大事にしてきた。それでいて、自身の社会活動はできるだけ内密におさめて大々的にしない」。米国政治や公民権をはじめとする歴史を教える父や、宗教学を教える母のもとで育った彼は、『ブリジット・ジョーンズ』で演じた人権派弁護士マーク・ダーシーをいわば地でいく人物でもあるのだ。

とはいえ資金集めは、コリンの名をもってしても困難をきわめた。「大手スタジオはこうした映画にかかわりたがらない。多くが、その政治性を恐れた」とジェドは言う。

関心を寄せる出資候補者も現れたが、会ってみると「ラストを変えてほしい」と切り出された。いわゆる「ハリウッド的終わり方」の作品ではないためだ。だが、「コリンは頑としてはねつけた。『もしラストを変えるなら、プロデューサーとしての私の名前は削除してもらいたい』と突っぱねたんだ」とジェド。「ラストを変えないのは、世界で日々起きていることを観客にきちんと理解してほしいと思うからだ。でなければ、観客をだますことになる。ラストを維持するため私たちは闘った」

そうするうち、多くの出資候補者が離れたが、最終的にカナダのエンターテインメント・ワンが共同製作に入り、配給を請け負ってくれた。「彼らはラストも気に入ってくれた」とジェドは言う。それにしてもいつも思うが、こういう時に助け舟として現れるのはたいてい、カナダだ。

脚本が書かれたのは2006年。2010年代の現実により即した形とするため、ジェドはギャヴィン・フッド監督と「撮影開始2日前までアップデートに取り組んだ」。ギリギリのタイミングで脚本に加えた役柄が、「アル・シャバブ」の一員となった英国人女性テロリストだ。

「ホワイト・ウィドウ」と呼ばれる実在の英国人女性テロリストに基づいて作り上げた。「英国人である彼女を入れることで、政治的複雑さが加わる」とジェドは解説する。

映画では、超小型のドローンがテロリストを巧みに監視する。私たちのそばで飛んでいても気づきそうにない代物だ。その点に言及すると、ジェドは「今はもっと小さいものも出てきているよね」と自身のスマートフォンを操作し、蚊の形をしたドローンの画像を示した。「これだと監視するのみならず、首根っこをかんでDNAを採取、あるいは毒物を注入することだってできる。これが次に起きていくことだ。今作が見通していることでもあるんだ」

「女性は平和的」というステレオタイプ

今作は、主演ヘレン・ミレン演じる英軍パウエル大佐に、米ホワイトハウス国家安全保障会議上級法律顧問ジリアン・ゴールドマン（ライラ・ロビンズ）、英政務次官アンジェラ・ノース（モニカ・ドラン）と、主要な意思決定者として女性たちが登場する。いずれもきわめて冷徹で毅然としているうえ、とりわけパウエル大佐とゴールドマン上級法律顧問は、非常に好戦的なタカ派なのが印象的だ。逆に、米軍の空軍基地でドローンを操縦する男性のスティーヴ・ワッツ中尉（アーロン・ポール）は、画面を通して見えるナイロビの少女アリアの笑顔にほっこりし、彼女を案じる。英国ではイアン・グレン演じるジェームズ・ウィレット英外相が慌てふためいた様子を見せる。

「女性は平和的で人命を重んじ、男性は戦闘的」といったステレオタイプに真っ向から挑む設定ですね――。そう言うと、ジェドは身を乗り出して言った。「そう、そこなんですよ。我々が普段映画で見るようなステレオタイプとは違ったものにしているんだ」

当初の脚本では、こうした女性陣は男性を想定して書かれていた。逆に、外相役は女性の設定だったという。

男女を逆転させた背景について、ジェドは製作準備段階を振り返りながら説明した。「『これはとても関心を呼ぶテーマだ。観客の層を広げるにはどうしたらいいだろう?』。そんな話になった時、監督のギャヴィンが『女性に変えてはどうか』と提案したんだ。コリンと私は『すばらしいアイデアだ』と応じた」

とりわけ、主役である大佐の女性への変更はきわめて重要なカギとなったという。「この役が男性だったら、観客は『あぁ彼はきっと戦闘モードだろうな』と予測して見てしまうだろう。女性、とりわけヘレン・ミレンだと、『まさか子どもを見殺しにするはずがない』と観客は考えがちだ。だからこそ、逆にしたんだ」。そう理由を語るジェドに、私は大きくうなずいた。

さらにすごいのは、それでいて「セリフは一語たりとも変更しなかった」点だ。ジェドは言う。「男性将校が言うであろうセリフそのままで進めるのが大事だと考えた。女性はその職業性を見る以前に、いわゆる『女性』、あるいは主婦、母、娘として特徴づけられることが多い。だが世界では多くの女性が戦争にかかわってきているし、強い女性の役割を以前にも増して目にするようになっている。英米で政策決定の主要な役割を担う女性が増えてきているのに、映画ではなかなかお目にかかれない。その意味でも今作は、世界でいま起きていることに対して忠実になる、と感じた」

ジェドらは映画公開後、上映館で観客の「出口調査」を実施した。すると「パウエル大佐役が女性にとても人気だった。うまくいってよかったよ」とジェドは言った。

いわゆる「ハリウッド的作法」と違うのはジェンダー面だけではない。ケニアの地上で奔走する現地工作員ジャマ・ファラ（バーカッド・アブディ）や、少女アリアのキャラクターや感情をできる限り描き出そうとしているのが見てとれる。「多くのハリウッド映画がなぜそうしないのかわからないが、我々としては、たとえばケニアにもリベラルな人がいる、そうしたアフリカの今をも描写したかった」とジェドは語る。

世界に問題提起する映画を作る

ジェドにインタビューしたのは、トランプ大統領の誕生が決まってまもない２０１６年11月。ジェドは言った。「映画には、攻撃対象を指して『大統領のリストにある人物だ』と言う場面があるが、誰を攻撃対象とするかの権限を大統領は握っている。オバマはいい大統領だったとは思うが、それでも多くのドローンを活用した。トランプはこれまで北大西洋条約機構（NATO）や同盟関係のあり方についていて批判してきた。そんな彼がドローン使用の決定権を持つようになることについて、映画を通して考えてもらえればと思う」。オバマがドローンによる民間人の死者数を公表したのも、退任を前にそのリスクを強調し、今後も引き続き公表するよう次期政権に促すためだったと報じられているだけに、考えさせられる。

今作は、古くは『ダイ・ハード』（1988年）のテロリスト役、ここ数年は『ハリー・ポッター』シリーズのセブルス・スネイプ役で知られる故アラン・リックマンの遺作のひとつでもある。ベンソン中将を演じたアランは撮影現場にやって来た時、ギャヴィン監督にこう言ったそうだ。「脚本の力が強い。私がすべきなのは、抑えて演じることだと思うね」。ジェドは言う。「だから彼は過剰ではない、抑制した演技を見せた。彼のベストに入る演技だったと思う。彼もまた、人権問題の運動にかかわってきた。惜しい人を亡くした」

「世界に問題提起する映画を作ろう」と立ち上がったコリンとジェドが次に製作した長編ドラマ映画は、『ラビング　愛という名のふたり』（2016年）。異人種間の結婚が禁じられていた1960年代の米バージニア州で、法に抗い連邦最高裁まで闘った、ネイティブアメリカンの血も引くアフリカ系女性と白人男性のラビング夫妻を描いた作品だ。妻を演じたエチオピア出身のルース・ネッガは2017年、アカデミー主演女優賞にノミネートされた。「トランプが政権を握ることになり、人種間の分断が起きている今こそ、人種を超えた結束や愛を描いたこの映画は意味を持つだろう」とジェドは期待をこめた。ラビング夫妻をめぐる判例は、全米で同性婚を認めた2015年の連邦最高裁の司法判断でも引用されている。「同性婚をめぐる昨今の問題にとっても、非常に大きな意義があるんだ」とジェドは語った。

2017年5月に撮影が始まるという次の作品は、イラク侵攻をめぐって揺れるブッシュ政権下の米国が舞台。イラクへの武力行使のお墨つきを得るため国連安全保障理事会のメンバーにスパイ行為がなされていたという「知られざる事実に基づく物語」だそうで、2018年に公開の予定だ。

世界が分断と混沌《こんとん》をきわめつつあるなかにあって、コリンとジェドが英国から次々と、「調査報道」あるいは「問題提起」に満ちた作品群を繰り出し始めている。報道の世界も負けていられないな、と我が身を振り返る。

反プーチンのロシア人監督が北朝鮮の実像に迫る

『太陽の下で―真実の北朝鮮―』

北朝鮮でドキュメンタリーを「撮り逃げ」する

北朝鮮でドキュメンタリーをいわば「撮り逃げ」する――。あの国のありようを考えれば、それがいかに大変なことか想像してあまりある。チェコ・ロシア・ドイツ・ラトビア・北朝鮮のドキュメンタリー『太陽の下で―真実の北朝鮮―』（原題 В лучах солнца／英題 Under the Sun）（2015年）を撮ったロシア人監督ヴィタリー・マンスキーに東京でインタビューし、プーチン体制への批判を背景にした渾身《こんしん》の撮影について聞いた。

舞台は平壌。8歳の少女ジンミを主人公に、繊維工場で働く技師の父、豆乳工場に勤める母との暮らしや、ジンミが朝鮮少年団の一員となって故・金日成国家主席の誕生日「太陽節」での公演準備に励むさま、学校で主体《チュチェ》思想の教えを受ける様子などを描いた。映画は同時に、登場する彼らが当局の監視役の事細かな指示でセリフや動きを何度もやり直させられたりする場面や、その時の彼らの不安と緊張感に満ちた表情をも映し出している。

　マンスキー監督はモスクワのドキュメンタリー映画祭「Artdocfest」で会長を務め、ドキュメンタリーの賞も創設したロシア・ドキュメンタリー界の巨匠だ。とはいえ、検閲と表現の抑圧がきわめて厳しいあの北朝鮮で、当局による市民への「演技」指導をどのようにして撮影できたのだろう。

　マンスキー監督によると、北朝鮮側からは撮影前に「非常に厳しい条件を突きつけられた」という。シナリオは北朝鮮側が用意、撮影には常に監視役がつくといったもので、どこでいつどのくらい撮るかも指示された。「記録映像作家として長年仕事をしてきて初めてのこと。あまりの厳しさに、これは大変だ、と思った」。それでもマンスキー監督は内心、「行けばなんとかなるのではないかと期待していた」。まずは2013年にカメラなど機材を一切持たずに北朝鮮に入って下見。翌2014年、北朝鮮側の指示で、故・金正日総書記の誕生日がある2月に第1回の撮影が設定された。

　撮影を始めると、日々の撮影を終えてホテルに戻るたび、映像を見せるよう当局に言われた。そうして「彼らが気に入らないものはすべて、その場で削除された。合意書にも書かれていなかったことで、現実は合意書に書かれた以上に厳しい、と感じた」。

　このままでは現実を写し取るドキュメンタリーにならない――。困惑したマンスキー監督はホテルに戻るまでの車中、監視役がいないすきに撮影クルーたちで映像のコピーを作り続けた。「どういった映像が消去されるかは最初の作業でわかったため、コピーのなかから急いで、除去されそうなものを消していった」。そうしてオリジナル映像を手元に残し、おおむね半分ほどしか残らなかった「自己検閲版」をホテルで彼らに見せた。「彼らはそこからさらに映像を消去していった」。2度目の撮影は約2カ月後の4月、故・金日成国家主席の誕生日の時期に設定されたが、その間、「私たちがコピーをとっていることは知られずにすんだ」という。

撮影期間中は「3種類の監視があった」そうだ。第1は撮影にずっと同行した4人で、合意書に基づき、撮影する対象や場所、状況などを設定した。彼らは撮影が一段落するたび、「上司と見られる人物に報告していた」。第2のグループは、撮影現場からは少し離れた場所で、取り巻くような形で監視していたという。「第3は大勢。私たちが地下鉄の駅構内やバスが行き交う路上など屋外で撮影した時に、通行人の役割を果たしていた。私たちが近づいてはいけない場所らしいところに行くと、わーっと前をふさいできた」とマンスキー監督。のちに、彼らは何台かのバスで都度運ばれてきていたことを知った。

それでも、「今まで北朝鮮でドキュメンタリーを撮ったことのある人たちと後日話してわかったことだが、北朝鮮政府による私たち撮影クルーへの待遇は非常に重きをおいたものだった。監視も世話も非常に丁重だった」という。マンスキー監督いわく、「今の北朝鮮の対ロシア観の反映だと思う。北朝鮮はロシアを自分たちと同等に見て、プーチンも金正恩・朝鮮労働党委員長と同じ立場にあると理解しているようだ。この関係を確保するためにも私たちを厚遇してくれたのだと思う」。

主役の少女ジンミについては、監督自身で選ぶことができたという。5人の候補について約10分のオーディションが許され、「父親がジャーナリスト」というジンミに興味を持った。「ジャーナリストの家族なら、もしかしたらおもしろいところに一緒に行けるのでは」と思ったためだ。撮影を始めると、その父は「もはやジャーナリストではない」との説明で、いきなり「繊維工場の労働者」という設定になったそうだが。

ジンミは最後に涙を流す。この意味について尋ねると、マンスキー監督は言った。「体制に組み込まれて魂が死に絶えていく前の涙。そんな風に私はとらえた」

ロシアと同等に見られたい北朝鮮

合意書では同じ年の7～8月に約1カ月半、3度目の撮影をする予定だった。だが北朝鮮側が突如、「撮影は打ち切り」と通告。マンスキー監督は秘密裏にとっておいた消去前の映像をもとに作品を仕上げ、オランダ・アムステルダムの国際ドキュメンタリー映画祭などに出品した。

上映を知った北朝鮮外務省はロシア外務省に通達した。①あらゆる国・地域での上映禁止、②映像の廃棄、③監督への処罰、を求める内容だった。ロシア政府発行のロシア新聞はこの通達を掲載、作品を上映しないよう映画祭側に求めた。北朝鮮側は同時に、マンスキー監督を中傷する声明も出した。

マンスキー監督はロシア政府に何度も書簡を出して上映許可を求めたが、結局、ロシアの国立や地方行政府立の映画館は公開を拒んだ。それでも、心ある民間の約20館が上映に踏み切ったというから、ロシア映画界にも気概ある人たちがいるということだろう。

このままではらちが明かないと思ったのだろう、北朝鮮側はその後、態度をコロリと変えて「ジンミちゃん一家が監督を懐かしがり、会いたいと言っている。監督をぜひ北朝鮮にまたご招待したい」という手紙をマンスキー監督に送ってきた。「非常に優しい内容の手紙だった。この年で強制労働をさせられる目に遭いたくはないので、行きませんでしたけどね」

そもそも、なぜ北朝鮮でドキュメンタリーを撮ろうと思ったのか。「ロシアは旧ソ連時代をはじめ独裁体制を経験してきた。その過去は北朝鮮と似ている。タイムマシンでスターリン下のソ連を訪ねるような形で、今も独裁体制を続ける国の人たちはどんなものなのか、撮影を通して理解したいと考えた」

同時に、今のロシアにとっては決して過去の問題ではない、ともマンスキー監督は感じている。「ロシア政府はすでに全体主義的で、表現の自由や市民の自由の制限がとても厳しくなっている。北朝鮮の体制に限りなく近づいていると考えている」とマンスキー監督。自身が会長を務めるドキュメンタリー映画祭は、「文化省のチェックを経ていない作品を上映している」として政府から批判を受けているという。

マンスキー監督はウクライナ西部リヴィウ出身のロシア人。モスクワなどで長く活動してきたが、今は隣国ラトビアの首都リガに住んでいる。ロシア政府への批判と反発からだ。「ロシアによるクリミア半島併合など一連のウクライナ問題を許せず、ロシアでもウクライナでもない街に住もうと思った」

インタビューしたのは2016年12月、プーチン・ロシア大統領来日の直前だった。あさってプーチンが来ますね――。そう水を向けると、マンスキー監督は「もう日本にそのままいるといいよ」と吐き捨てるように言った。

今も、身の危険を感じることはありますか？　インタビューの終盤にそう聞くと、マンスキー監督は答えた。「そうしたことを考えないように努めている。私はごく普通の人間。自分を英雄にしたくはないんだ」

なぜ女性の過激な運動は「暴力」と言われるのか

『未来を花束にして』

女性参政権運動の血のにじむような苦闘

たとえ抗議のためでも、女性が暴言を吐いたり暴力的になったりすると、より反発や抑圧を受けやすいのは昔も今も同じじか。英映画『未来を花束にして』（原題 Suffragette）（２０１５年）で描かれた英国の女性参政権運動の血のにじむような苦闘を見ると、トランプ米大統領に抗議した女性大行進や、「保育園落ちた日本死ね」騒動をも連想する。英国の運動を当時率いた故エメリン・パンクハーストの曽孫で、作品にカメオ出演（特別出演）もしたヘレン・パンクハーストに東京でインタビューした。

舞台は１９１２年のロンドン。女性には投票権も親権も認められていなかった当時、過酷な労働環境の洗濯工場で７歳から働き、男性より長時間労働を強いられながら男性よりも低賃金、そのうえ工場長から性的嫌がらせを受け続けるモード・ワッツ（キャリー・マリガン）が主人公だ。

　同じ職場の夫サニー（ベン・ウィショー）と幼い息子ジョージ（アダム・マイケル・ドッド）の世話にひたすら明け暮れていたなか、女性参政権を求める女性社会政治同盟（WSPU）のメンバーらが窓ガラスに石を投げつける抗議行動に出くわす。運動に携わる同僚バイオレット・ミラー（アンヌ・マリー・ダフ）や薬剤師イーディス・エリン（ヘレナ・ボナム・カーター）らと知り合い、思いがけず下院の公聴会で証言することに。そうするうち、エメリン・パンクハースト（メリル・ストリープ）が主導する運動に傾倒してゆく。だが政府は運動を弾圧、モードらはロンドン市警に逮捕され、世間体を気にする夫からひどい仕打ちを受ける。彼女たちが打って出た決死の策とは——。

　米誌タイムの「20世紀の100人」のひとりにもなったエメリンを演じたのが、ハリウッドの女性差別に声を上げ、トランプ批判もいとわないメリル・ストリープとは適役すぎるが、エメリンの実際の曽孫であるヘレンも劇中、自身の次女ラウラとともにWSPU本部の場面に登場する。

　関係者の子孫出演はヘレンだけではない。運動の急先鋒のひとりイーディスを演じたヘレナ・ボナム・カーターの曽祖父は元英首相の故ハーバート・ヘンリー・アスキス伯爵。当時、エメリンら活動家たちを罰する立場にいた。プロダクションノートによると、ヘレナ・ボナム・カーターは撮影でヘレンに会った際、「(曽祖父に代わって)申し訳ない!」と言ったそうだ。

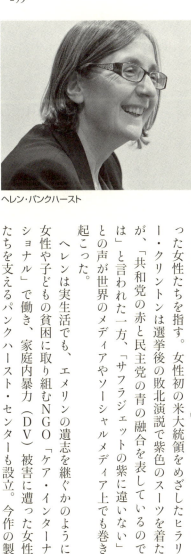

インタビューのために、来日したヘレンに会うとまず、「WSPUのオリジナルの会員カードなんですよ。なんと、作った組織は現存するんです」と言って、曽祖母エメリンが創設したWSPUの会員証や、運動を象徴する紫と緑、白の3色の紋章やたすきなどを見せてくれた。

ヘレン・パンクハースト

原題のサフラジェット(Suffragette)はこの運動に携わった女性たちを指す。女性初の米大統領をめざしたヒラリー・クリントンは選挙後の敗北演説で紫色のスーツを着たが、「共和党の赤と民主党の青の融合を表しているのでは」と言われた一方、「サフラジェットの紫に違いない」との声が世界のメディアやソーシャルメディア上でも巻き起こった。

ヘレンは実生活でも、エメリンの遺志を継ぐかのように、女性や子どもの貧困に取り組むNGO「ケア・インターナショナル」で働き、家庭内暴力(DV)被害に遭った女性たちを支えるパンクハースト・センターも設立。今作の製作チームには「どの国・地域にとっても、また今の時代にも響くものとなるように」とアドバイスした。「これは20世紀初頭の英国の物語ですが、今にも通じるものがある」とヘレンは言う。

そのひとつが、映画でも描かれた夫婦間の「経済格差」だろう。「薬剤師イーディスの場合も、薬局を所有するのは夫。裕福な役柄の女性も、夫の名前なしでは小切手を切ることができない。経済的な不平等です」

非難が殺到したマドンナの爆破発言、「日本死ね」ブログ

ヘレンはインタビューの前日、東京都立西高校（杉並区）で今作を上映、生徒たちと意見を交わした。生徒からは、一部で過激化した運動に戸惑いの声も上がったそうだ。たしかに、特に女性の権利がそれなりに定着した国や地域から見れば、主張には賛同しても過激な行為には首をかしげがちとなるだろう。

そう言うと、ヘレンは「何が暴力とみなされ、何がみなされてこなかったかを考えるべきでしょう」と、こうした反応をめぐる問題点を挙げ始めた。

たとえば主人公のモードが、長年性的嫌がらせをし続けた工場長についに、熱いアイロンを押し当てて反撃する場面がある。「ショッキングな場面です。そしてそれは暴力だとみなされ、

警察に突き出される。一方、彼女やその母親に長年なされてきたことは暴力としてカウントされてこなかった。表立って目に見えず、語られてもこなかった。これが一つ目のポイントです」

「二つ目は、女性参政権運動は多様なものだったにもかかわらず、『彼女たちは暴力的だった』と運動を矮小化《わいしょうか》する人がいる点です。運動は目に見えないいろんなことを、興味をひく方法で成し遂げた」。そう言ってヘレンはさらに強調した。

「三つ目は、暴力的だったのはむしろ政府だった点です。当初は彼女たちを集会場から追い出すだけだったのが、彼女たちがそれに対抗して声を上げると、政府はもっと押さえ込もうとした。映画でも描かれていますが、彼女たちを黙らせようと、政府はますます力を用いた。投獄した彼女たちがハンガーストライキをすると力ずくで食べ物を口に入れたりした。それは朝も夜も、何日も続いた。自分がそうした目に遭うだけでなく、仲間が無理やり食べ物を口に入れられる音も隣から聞こえる。そうして彼女たちの中から武闘派が出てきた。でも権力者によるこの種の暴力は、なぜかさほどショッキングに映らない。運動家たちが暴力的だったと言う場合には、政府による暴力についても言わなければならないのに」

それにしても、同じ投石でも男性がすれば違って見えそうだ。そう話すと、ヘレンは言った。

「アクション映画で男性がマシンガンを撃ち込んでも、観客はさほどショックを受けない。男性は暴力的になっても許容されやすい。でも女性が権利を求めて立ち上がり、好戦的な様子を見せて投石でもしたら『なんとまぁ！』と言われる。私たちのこうした態度はダブルスタンダードですよね」

そうしたヘレンの指摘を実感するできごとがあった。

トランプ米大統領の就任翌日、トランプに抗議して大勢が集まったワシントンでの女性大行進で、歌手マドンナが「女性だけでなく、社会的に追いやられた人たちが危機に直面する独裁政治を拒み対抗を」と訴え、「ホワイトハウスの爆破も考えた」とまで言って物議を醸した。

ネット上ではマドンナへの中傷や、死を求めるコメントがあふれた。マドンナは自身のインスタグラムで「暴力を呼びかけたのではない。文脈から乱暴に一文だけを抜き取らないで」と理解を求めたが、テキサス州のラジオ局「ＨＩＴＳ １０５」は「米国民にあるまじき発言だ」としてマドンナの全曲放送禁止を発表した。トランプが女性蔑視発言を続けてきたことはもはや不問であるかのように映る。

やや違う角度の話かもしれないが、日本でも２０１６年、子どもを保育園に入れられず復職できない状況を過激なフレーズでつづった匿名ブログ「保育園落ちた日本死ね」が話題となって国会でも取り上げられ、自民党の平沢勝栄衆院議員がテレビ朝日系の番組「羽鳥慎一モーニングショー」で、「これ本当に女性の方が書いた文章ですかね」と発言したのを思い出す。その後、この「保育園落ちた日本死ね」が年末にユーキャン新語・流行語大賞を受賞、さらに反発が広がったのは記憶に新しい。

暴言を必ずしも肯定するわけではないが、それが悲痛な形で発せられた背景も考慮に入れなければ、建設的な議論につながらないだろう。

考えてみれば私自身、反イスラムを公言してはばからないフランス極右政党「国民戦線」党首マリーヌ・ルペンが表舞台に現れた時、「女性で攻撃的な極右、ってどう受け止めればいいんだろう」と正直、内心戸惑った。でもそれもまた、ステレオタイプな反応なのだ。

戦争が政府を動かす契機になったという皮肉

英政府は1918年、30歳以上の女性に制限選挙権を与え、1925年には母親の親権を認めた。1928年には男女平等の普通選挙を実施した。当局が弾圧し続けたサフラジェット運動の主張がなぜ、にわかに認められたのか。ひとつには、映画のラストでも描かれているショッキングな事件が世論を突き動かしたと言われる。だがより政府を動かしたのは、今作では描かれていないその後の世界史的できごとが大きいのだという。

戦争だ。

1914年に第1次大戦が勃発すると、エメリンらは仲間らに「停戦」を呼びかけ、女性たちは戦争の後方支援にまわって政府を支えた。政府は投獄していた女性たちに恩赦を与えた。

男性たちが戦線に出て国内が人材難に陥ると、それまで男性がしていた仕事を女性が担い、社会のさまざまな場へと進出した。

ヘレンは言う。「2度の大戦とも、女性が男性の仕事を引き受けられることを示す機会となった。当時の女性たちの自信や、自らの役割に対する信念を高めたとは思う」

結果論としてはすばらしいが、戦争がモーメンタムとなったとは皮肉に響く。そう言うと、ヘレンは語った。「でも戦争が終わるたび、女性のおかれた状況は逆戻りだったそうです。男性が前線から戻れば『もう家に戻れ』と言われた。戦争が役立ったというのはそうだけど、必ずしもいいことではない。それに、軍事経済は平等実現の考え方に基本的には否定的ですから。戦争に期待することなく女性の地位を高めるには、そのためのリーダーを増やして声を上げ、法制化を進めるのが大事でしょう」

英国では欧州連合（EU）離脱が決まり、ふたり目の女性首相メイは移民規制を打ち出した。そうした状況を、とりわけエメリンの曽孫としてどう見ているのだろう。「女性のみならず、平等を実現しようという考え方にとって憂慮すべきことです。多くのフェミニストやリベラルな民主主義者は、もっと選択肢を求めている。英国のEU離脱、そしてポピュリズム及びナショナリズムの台頭はこうした考え方とはかけ離れたもの。とても懸念し、危ないと思っています」

「ふつうじゃない」のは悪いこと？

『世界でいちばんのイチゴミルクのつくり方』

「ふつう」「平凡」であることを美徳とする村

かわいらしい子ども映画かと思ったら、今の欧州からの問題提起がしっかり横たわっていた。ドイツ映画『世界でいちばんのイチゴミルクのつくり方』（原題 Quatsch und die Nasenbärbande／英題 Fiddlesticks）（2014年）は、「ふつうでない」を排除する風潮に異議を唱える。来日したファイト・ヘルマー監督に背景を聞いた。

ドイツのちょうど真ん中かつ欧州の中央に位置し、「ふつう」「平凡」を美徳とする架空の村「ボラースドルフ」が舞台。村が「欧州の典型で平均的」とみた消費者調査会社「銀色団（GKF）」は、市場調査のためのモニター村にしようと乗り込む。

市長をはじめ大人たちは「新商品をいち早く手にできる」と喜んで協力。だが、「ふつう」とはほど遠いぶっ飛んだ高齢者たちや、欧州では珍しい南米生息の動物アカハナグマの「クアッチ」と独創的な遊びを繰り出す6人の子どもたち、リーケ（ノラ・ボーネル）、マックス（ジャスティン・ウィルケ）、レネ（シャーロット・ルービッヒ）、ポール（ピーター・ディヤン・ブダク）、スーゼ（ヘンリエッテ・クラトチウィル）、ベン（マティス・ミオ・ワイゼ）は「ふつうなんてサイテー」と反発。目ざわりとみなされた高齢者たちは老人ホームへ入れられ、アカハナグマも市長に「ふつうじゃない」と追い立てられる。6人はおじいちゃんやおばあちゃん、アカハナグマを守るため、「脱・ふつう」の村にしようと立ち上がる――。

ボラースドルフという地区はドイツに実在するが、映画はその名を拝借しただけで、撮影は別の場所、設定もまったくのフィクション。ただし、モデルがある。ドイツ南西部にあるハースロッホという自治体だ。欧州メディアやヘルマー監督によると、欧州の小さな街のいくつかは企業の市場調査の対象として選ばれ、ハースロッホはそのひとつとして知られる。街ではテスト商品が売られ、実際に発売するかどうかの指標として売れ行きが注視される。企業が大々的に発売した際の万一の損失を防ぐためだ。

リサーチしたヘルマー監督は言う。「ハースロッホは住民の年齢構成や人種、所得などあらゆる面で最も『平均的』で、小ドイツとでも言える地域。住民たちは、街が『最も標準的なドイツ』だとして誇りに思っているそうだ」

報道によると、街のテレビには市場調査のための機器が組み込まれ、通常とは違うテレビコマーシャルを見せられたりもしているという。「それを知った僕は、なんてこった、なんで彼らはこれに協力してるんだ?と思ったよ。ネットで航空券を買ったらフェイスブック上によく、同じ目的地の別の航空券の広告が出たりするじゃない? 僕はそれを怖いと思うけど、ハースロッホの人たちは、自分たちがどんな石けんをどれぐらい買ったかつまびらかにしていることになる」

村をモニターする「銀色団」には劇中、「GKF」というロゴがついている。ハースロッホで実際に市場調査をしているというドイツの消費者調査協会「GfK」をもじったものだ。ヘルマー監督はGfKに連絡をとり、「映画で名前を使っていいか」と尋ねたが、案の定というか、断られた。それでGKFって、ほとんど改変になっていないけれど。

子どもが何回も見る映画にしたかった

「ふつう」に反旗をひるがえすキャラクターを子どもたちと高齢者にしたのは、「その世代が一番、お金やブランドよりも何が大切か、よくわかっているからだ」とヘルマー監督。「子どもは大きくなるにつれ、たとえばスマートフォンをほしがり、ブランドものに夢中になる。逆に、大人は祖父母の世代になると次第に、そんなことはどうでもいいのだと気づいてゆく」。そんな現実を反映させたのだという。

そのうえで、何より軸足を子どもたちに置いたのは、自身の幼い息子に「初めて見る実写映画としてよい経験をもたらしたい」と思ったためだ。

大人のファンタジー映画と言える『ツバル』（1999年）などで知られるヘルマー監督は、子ども時代、スウェーデンの名作児童文学『長くつ下のピッピ』を原作とした映画や、故チャーリー・チャプリンの映画に親しみ育ったという。息子にもそうした「子どもも楽しめる美しい映画」を見せたいと思い、最近の作品から探したものの、アニメがほとんどで、実写はなかなか見当たらなかったという。そこで「よし、お父さんが作ってやるぞ」と当時4歳の息子に宣言、プロデューサー、共同脚本、監督として取り組んだ。

「映画にどんなものを入れてほしい？」と息子に尋ねたら「消防車」「飛行機」「列車」「トラクター」「ボート」「クレーン」「ゴミ収集車」と、乗り物のおもちゃ好きとしての答えが矢継ぎ早に返ってきたという。その約束は、映画できちんと果たされている。

ドイツ映画『帰ってきたヒトラー』でヒトラーと行動をともにするテレビマンを演じたファビアン・ブッシュがベンの父親役として出ているのも、似た動機だそうだ。彼と家族ぐるみでつき合っているというヘルマー監督が、「低予算映画の小さな役。でもおもしろいよ。出てくれるかな？」とオファーを出すと、「もちろん！　子どもに見せられる映画なら無償でも出るよ」と言ったそうだ。

「有名な俳優として暴力シーンをも含む映画に出演してきたファビアンにとって、自分の子どもにはまだ作品を見せられないのが悩み。だからすごく喜んでくれた。もちろん、ちゃんとギャラは払ったよ」とヘルマー監督。

ちなみに、アカデミー外国語映画賞のハンガリー映画『サウルの息子』(2015年)でナチス親衛隊曹長を演じたクリスティアン・ハルティンクも、銀色団のマネジャー役でひょっこり出演している。

子どもたちによる楽しいカーチェイスを劇中に入れたのは、ひとつには「息子が見たがった」ためではあるが、同時に、「子どもたちが何回も見る映画にしたかった。最初はただ楽しんでいただけなのが、より作品を理解するようになるにつれ、『平均的ってどういうこと？』『統計って何？』と大人たちに尋ねるようになればいい、と思っている。ぜひ、疑問の声を上げてほしいと思う」とヘルマー監督。

そのメッセージは大人の観客向けでもある。「僕が大人たちに『こういう村、ドイツに存在すると思う？』と聞くと、およそ半分は『そんなのないよ』と答える。そんな時に僕は、ハースロッホについて話し始めるようにしているよ」

今撮るなら主役のひとりはシリア難民に

子どもたちは映画の終盤、街のインフラを徹底的に壊す。「大人にはものすごいダメージのように見えるけれど、破壊は新たな建設へ向かうプロセスのひとつ。次世代の子どもたちにとっては、よりよいものを作るための過程となる」とヘルマー監督は解説する。「映画を通して子どもたちに、大人だって間違いうるのだと伝えたい。子どもたちには、自分たち自身の力や才能を信じるようになってほしいんだ」

ヘルマー監督はさらに言う。「この映画を見た子どもたちには、新たな現代的な男女の役割分担をも学んでもらいたいと思った」。たしかに、6人のなかには怖がり屋の男の子がいる一方、女の子は冒険好きだったりするし、おばあちゃんのひとりはメカに強いパワフルな発明家。「いわゆる『男の領域』と映るものは描かないようにした」そうだ。

主役の6人は、いずれも映画初出演。演技に慣れた子役俳優ではないだけに、やんちゃに動き回るさまはリアルだ。そしてアカハナグマのクアッチもまた、主役にカウントすべきではないかと思えるほど、重要な役回りとして活躍する。その名演ぶりに、精巧なコンピューターグラフィックス（CG）を使ったのかと当初思っていたら、本物のアカハナグマ2匹が代わる代わる出演したと聞いて驚いた。

「『ふつう』には見当たらない、それでいてかわいらしい動物を出したい」とドイツ指折りの動物トレーナー、ニコール・ミュラーに相談し、エルヴィスとサニーという2匹を「紹介」されたという。

クアッチが劇中、市長に「ふつうじゃない」と言われて捕獲・追放の対象となる場面は、欧州などで高まる難民・移民排斥論とも重なって見える。そう水を向けると、ヘルマー監督は言った。「今回の映画はそうした雰囲気がぐっと強まる少し前に撮影したわけだけれど、今撮るなら、子どもたちのひとりはシリア難民にするね」

ドイツでも、難民受け入れに積極的なメルケル首相への反発が広がっている。それでも「ドイツは紛争地から逃れようとする人たちを多く迎えている。ほかの国々も、もっとオープンであってほしい」とヘルマー監督は言う。

「映画によって世界のすべての問題に答えを示すなんてできないけれど、脚本には僕の価値観や倫理観、世界観が反映されている。意義を持って、子どもたちを力づけたいと思っている」

『タンジェリン』のショーン・ベイカー監督に東京でインタビューした2016年12月、彼の言葉にはっとした。「オバマにも取り残されたと感じ、何らかの変化を求める人たちが存在し、絶望的になってきたことを、映画界の特権層や、少しばかり金のある人たちは念頭においてこなかった。特にハリウッド大手スタジオの作品は、そうした声を代弁してこなかった」

ハリウッド大手とは距離をおき、低予算で優れたインディペンデント映画を送り出してきた彼ならではの指摘だ。だがおそらく、ハリウッドにどっぷりつかっている人たちの多くは、本当の意味でそこに気づいていない。

トランプの大統領就任を間近に控えた2017年1月上旬、ゴールデン・グローブ賞授賞式のスピーチでメリル・ストリープがトランプを暗に批判したニュースが、各地を駆けめぐった。ドレスをまとった壇上の彼女は、『ラビング　愛という名前のふたり』で主演女優賞にノミネートされた、エチオピア出身のルース・ネッガらの名前を挙げて言った。「ハリウッドはよそ者と外国人とともに進んできた。彼らを追い出せば、フットボールと総合格闘技（mixed martial arts）を見るしかなくなる」。名指しは控えつつも、トランプが唱える移民排斥を批判し、会場から拍手喝采を浴びた。彼女はさらに、トランプが選挙期間中、腕に障害のある米紙ニューヨーク・タイムズ記者のしぐさをまねたとされた点にも苦言を呈し、続けた。「軽蔑は軽蔑を招き、暴力は暴力を招く」

トランプはメリルを名指しで中傷するツイートの連打で応じた。「ハリウッドで最も過大評価された女優のひとり」「大敗したヒラリーのおべっか使いだ」

メディアやネット上で、議論が渦巻いた。大国のトップに就く立場としてトランプの短気な罵《のの》り方が目にあまった分、彼を真正面から擁護するメディアや識者こそ見当たらなかったが、メリルにも賛否が巻き起こったのは、本人も想像しなかったのではないだろうか。

共和党の重鎮ジョン・マケイン上院議員の娘でFOXニュースの番組ホスト、メーガン・マケインはこうツイートした。「メリル・ストリープのこのスピーチこそ、トランプを勝たせた要因。それがなぜなのかハリウッドが認識できなければ、彼の再選を助けることになる」

知性に裏打ちされた名演技でアカデミー賞史上最多のノミネート20回、業界の女性の地位向上にも尽力してきたメリルを私は尊敬しているし、とても好きだ。そして、彼女がスピーチで言わんとしたところには賛同してあまりある。それだけに、ため息が出た。

フットボールや総合格闘技（mixed martial arts）は、トランプ支持者らが愛好してきたスポーツのひとつだ。それを軽んじる表現で、「芸術（arts）ではない」ともつけ加えた。「よそ者と外国人」とメリルがたたえた会場の人たちはすかさず拍手喝采、その様子をカメラは映し出したが、いずれも多くの人には手が届かない豪華なドレスやタキシードに身を包んでいた。

アメリカン・ドリームがまだ夢ばかりでもなかった頃は、ハリウッドはその象徴たりえたし、彼らにあこがれを抱いた人たちも多かった。だが社会的流動性が減って格差は固定されがちとなり、ハリウッドはただ特権的なエスタブリッシュメントとして映るようになった。著名人の一挙手一投足がソーシャルメディアで拡散される今、少しの無頓着さが問題となりうる。

２０１７年1月にインタビューしたオリバー・ストーン監督はこう語った。「今のハリウッドはあらゆることが政府寄りだ」。だが歴史をひもとけば、今に始まったことでもない。

プロパガンダ映画と言えば旧ソ連やナチス・ドイツのお家芸として知られるが、ハリウッドはより巧みにエンターテインメントに昇華させてきた。第2次大戦では、フランクリン・ルーズベルト大統領が発足させた戦時情報局のもと、親米要素を盛り込んだ映画を世界に届けた。作品賞などアカデミー賞3冠の『カサブランカ』（１９４２年）は恋愛映画の体を取りつつも、当時の米誌バラエティいわく「優れた反枢軸国プロパガンダ映画」だ。

戦後は連合国軍総司令部（ＧＨＱ）のもと、アメリカ民主主義を美化する映画を日本などに輸出した。「赤狩り」が吹き荒れた1940〜50年代は、共産主義者とみなされた映画人の追放に業界も協力した。本書でも取り上げた脚本家ダルトン・トランボが業界を挙げてたたえられたのは後年だ。

『ディア・ハンター』（1978年）や『プラトーン』（1986年）など、ベトナム戦争に批判的な映画も出ているが、戦争まっただ中に公開されたのは、タカ派のジョン・ウェイン主演で米軍が協力した『グリーン・ベレー』（1968年）ぐらい。イラク侵攻の現実に迫ろうとした映画が出始めたのもオバマ政権になってからだ。政治に斬り込む映画がなかなか出ない日本よりはいいけれど。

最近も、私がアカデミー賞授賞式の会場に列席者として入った2016年、当時の副大統領バイデンが歌手レディー・ガガの紹介役として登壇、周りの誰もが立ち上がって惜しみなく拍手を送った。ロサンゼルス支局長として同賞授賞式を取材した2013年には、作品賞のプレゼンターとして当時の大統領夫人ミシェル・オバマが中継画面に現れた。受賞したのがイラン政府から猛反発を受けた『アルゴ』（2012年）だっただけに、違和感とともに記事を書いたのを思い出す。

イラク侵攻間近の2003年には、『ボウリング・フォー・コロンバイン』（2002年）でアカデミー長編ドキュメンタリー映画賞を受賞したマイケル・ムーア監督が、壇上で「恥を知れ、ミスター・ブッシュ」と言って話題になったが、あとで列席者に取材すると、スタジオ幹部の座席を中心にブーイングの嵐だった。

結果的にハリウッドはアメリカ政治と蜜月関係を築き、業界基盤を強固なものとしてきた。それがトランプの登場で一転、思いがけず反政府的な立場に立たされた。既存の政治家が反エスタブリッシュメントのうねりに見舞われているのにも似て、トランプ支持者からの逆風をも受けつつある。

ハリウッドはどこへ行くのか。アメリカ、そして世界はどうなるのか。トランプ勝利を挟んで進めた数々のインタビューを通して、ヒントを感じ取ってもらえれば幸いだ。

本書の出版機会を与え、編集を担ってくださった幻冬舎の小木田順子・新書編集長、朝日新聞「GLOBE」での連載中にデスクワークにあたった大島大輔GLOBE副編集長、また連載のため、制約も多い著名人などの写真を事実上専属で撮り続けてくれた朝日新聞カメラマンの仙波理記者に心より感謝を申し上げたい。

2017年3月

藤　えりか

〔初出〕

朝日新聞「GLOBE」〔シネマニア・リポート〕

#1～#35（2016・6・17～2017・2・24）

「トランプ政権への期待」（朝日新聞2017・1・24）

〔写真〕

仙波理（p26、51、95、181、220、259）

藤えりか（p58、110）

著者略歴

藤 えりか《とうえりか》

一九七〇年生まれ。九三年、同志社大学法学部政治学科卒業後、
朝日新聞社に入社。経済部や国際報道部などを経て
二〇一一～一四年にロサンゼルス支局長を務め、
米国とラテンアメリカの大統領選から事件、IT、映画界まで幅広く取材。
アカデミー賞授賞式は四年連続、現地で取材した。
映画好きが高じて脚本を学んだことも。
現在、朝日新聞「GLOBE」記者。
ツイッターの公認記者アカウントは@erika_asahi。
読者と語るシネマニア・サロンも主宰。

幻冬舎新書 452

なぜメリル・ストリープはトランプに噛みつき、オリバー・ストーンは期待するのか

ハリウッドからアメリカが見える

二〇一七年三月三十日 第一刷発行

著者 藤 えりか
発行人 見城 徹
編集人 志儀保博
発行所 株式会社 幻冬舎

〒一五一-〇〇五一 東京都渋谷区千駄ヶ谷四-九-七
電話 〇三-五四一一-六二一一(編集)
〇三-五四一一-六二二二(営業)
振替 〇〇一二〇-八-七六七六四三

ブックデザイン 鈴木成一デザイン室
印刷・製本所 中央精版印刷株式会社

Printed in Japan ISBN978-4-344-98453-0 C0295
と-3-1

幻冬舎ホームページアドレス http://www.gentosha.co.jp/
*この本に関するご意見・ご感想をメールでお寄せいただく場合は、comment@gentosha.co.jp まで。

幻冬舎新書

藤脇邦夫

定年後の韓国ドラマ

国内外のドラマ、映画を500本以上視聴した著者は「韓国ドラマ」に勝る映像作品はないと断言する。本書ではその魅力を「韓国ドラマベスト50」と共に余すことなく語り尽くす。

高橋和夫

イスラム国の野望

イスラム国とはそもそも何か？　なぜあんなに残虐なのか？　なぜ世界中から若者が集まるのか？　国際情勢を左右する最重要ファクター「イスラム国」の現状とこれからを、中東問題の第一人者が解説。

島田裕巳　中田考

世界はこのままイスラーム化するのか

なぜ今、キリスト教が衰退の兆しを見せ、イスラームの存在感が増しているのか？　テロや紛争、移民問題に苦悩しつつも、先進国が魅せられる理由とは。比較宗教学者と屈指のイスラーム学者が激突！

伊勢崎賢治

テロリストは日本の「何」を見ているのか

無限テロリズムと日本人

国防上で穴だらけの国、日本。少人数のテロリストが原発を攻撃できることは3・11で露呈してしまった。ISの「敵リスト」に日本が入っている昨今、この脅威に立ち向かう手法を具体的に説く。